U0015543

念頭一轉，心就不煩

走出那些隱藏在職場、情場、
家庭、人際中的情緒盲點

屏東基督教醫院
心理治療師
楊順興 著

H2O原水文化

目錄

念頭一轉，心就不煩〔暢銷修訂版〕

第6篇 親子教養

鼓勵與懲罰

怎樣管教

怎樣教育

親子溝通

推薦序 1

鍾昆原（高雄醫學大學心理學系副教授）

在潛移默化中學習身心都健康的生活模式

早在國內心理師法通過前，有感於心理專業與社會的需求間有一道厚厚的圍牆，於是在一群心理專業同好的發起下，成立了南台灣心理專業人員聯誼會，我們的願景是藉由團隊學習，拉近心理專業與社會的距離，冀能促進民眾生活品質的提升。順興是我們的核心成員之一，數年來，他一直朝著我們的願景努力。如今，他集結數十篇動人心弦的小品文出書，這本《念頭一轉，心就不煩》正是我們期盼甚殷的好書。

本書最大的特色是：所有文章皆用淺顯易懂的文字，同時還穿插日常生活的實例，閱讀本書彷彿就像與好友喝茶聊天，在輕鬆自在的氣氛中，增長了見聞，同時還有齒頰留香之感。在「認識心理治療篇」中，作者用簡單的譬喻，揭開了神祕面紗，讓讀者很容易就了解心理治療專業與一般的聊天有很大不同，因爲專業的諮詢，能讓患者在潛移默化中學習一套健康的生活模式。另外，作者也以實例介紹了幾個常見的心理疾病與有效的治療方式，讓讀者對心理疾病與治療有正確與樂觀的認識。作者兼具理性與感性的文筆，猶如一盞溫暖的燈，照亮了長久以來被擺放在社會陰暗一角的心理疾病患者與親友。在「人際問題篇」中，作者以日常生活常見的人際困擾爲例，分別以同理心、人際不要太敏感、多助人多付出但拒絕被壓榨，以及自我肯定訓練等觀點，傳授讀者輕鬆學習建立良好人際關係的祕訣。在〈親子教養篇〉中，一些讓父母與老師頭痛難解的問題，在作者化繁爲簡的筆下，讓讀者如釋重負，原來教小孩不需要大道理。

這是一本老少咸宜的好書，它的價值不僅在後續服務，更重要的是，它邀請大家共同來輕鬆解煩惱，因此本書特別適合下列人士選讀：

1. 對自己的心理探索感興趣者。
2. 因工作需要經常與人互動者（例如主管、業務員、客服人員）。
3. 因親友罹患心理疾病而苦惱者。
4. 負有教養責任卻又苦無良方者。
5. 想要持續提升助人知識與技巧者。

推薦序2

撕掉心理治療的歧視標籤

唐子俊（資深精神科醫師、唐子俊診所負責人）

很高興能夠替順興寫序，一起合作的這幾年來，轉介的許多個案，都受到了相當高的回饋，不論是在個別心理治療或是團體心理治療，都可以看到順興做爲一個臨床工作人員，能夠發揮最大的療效，也拯救了許多想要自我傷害個案的生命。以臨床的角度來看，順興已經是一個非常優秀稱職的工作人員了。

然而許多臨床的工作人員在重複的心理治療操作之下，卻常常忘記了另外兩個大任務，第一個就是能夠教育更多的心理衛生工作人員，另外一個就是能夠將西方心理治療的種種專業術語，轉變成爲更加平民化、本土化的語言，這常是許多臨床工作人員忽略的事情。而順興在這麼忙碌的情況下，居然能夠完成這麼多本土化的案例，以及這麼平民化的心理治療推廣，實在值得喝采。

從臨床的案例當中，最常被問到的問題可以分成幾個領域：

第一個部分是不確定是否要接受心理治療，所以相關的問題都會圍繞在：心理治療是否有效？什麼叫做精神疾病？哪些人需要接受心理治療？等問題。還有心理治療種種進行的方式，這就如同一個人到醫院，到底要看哪些科？是否要開藥？是否要作小手術？等問題一樣常見而且重要，在這本書當中，可以獲得簡要易懂的收穫。

第二個部分是最常見的心理治療個案，就如書中所描述的憂鬱症和焦慮症，佔了個別心理治療個案的大部分。順興舉了許多簡明易懂的例子，而且都是本土化的個案，我們可以看到順興所描寫的案例，都是日常生活當中常常遭遇到的難題。希望讀者不用再從媒體過度誇張的描寫當中，認爲接受精神科治療以及心理治療的個案，就是要從樓上跳下來，要不然就是在公共場所威脅要傷害別人等等，這些是極度扭曲和偏差的描寫。

第三個部分就是如何解套：現在最常見的就是人際和情緒管理的問題，這個部分隨著求助個案的愈來愈有概念，愈來愈重視及早治療效果較好的概念，可以看到心理治療的等待個案大部分是這兩類的問題。順興特別標出人際問題，並且將情緒問題的解套方式，放在焦慮症及憂鬱症這兩個重點上，可以看出作者對問題的整理和細心。

這是一本相當符合當代心理治療現況的案例，每一個案例都是臨床工作人員投入相當多的心力和時間，雖然可能只有短短的幾行字的描述，卻要花掉臨床工作人員每週一次，數週加起來好幾個小時，甚至好幾個月的協助和介入。本書看起來相當簡單容易了解，希望閱讀的族群能夠從這些本土的案例當中，抓到基本的概念，適當的達到一級和二級預防的效果。當然，如果基層的心理衛生工作人員、家長、輔導老師、甚至是案主本身，認爲自己沒有辦法做完整處理，甚至有即刻的傷害自己、傷害別人的危險性時，仍然需要馬上轉接到適當的醫療場所，讓臨床工作人員來做第三級的預防和處置。

在心理治療和精神醫療長期受到忽略和貼上標籤的歷史當中，很慶幸在最近兩年來，由於社會的變遷和經濟環境的轉變，心理治療被重視、精神醫療逐漸成爲醫學生熱門的選擇之後，再加上心理師法的通過，讓更多專業人員能夠投入心理衛生行列，這一本書正好趕上了社會大衆熱切需求的心理衛生相關知識，眞是令人振奮！特別在此加以推薦。

不必爲壞運悲觀，因爲總有一天會走完

最近這幾年，臺灣社會變得很熱鬧。先進國家熱烈討論的議題，開始席捲臺灣社會。不論是同性婚姻、勞資爭議、年金改革等，連本來只會在國際新聞中看到的「罷工行動」，也出現在身邊，與我們息息相關。由於每個人的想法都不同，或多或少都會受到影響，導致不少人心情因此翻攪起來。

然而，更多人的憂鬱與焦慮，是來自日常生活中的多慮。爲了工作或薪水、感情或人際、家庭或子女等，當人在是與非中迷失的時候，很難快樂。當我們覺得自己對，而別人錯的時候，更難快樂。偏偏大部分的時間都必須與人互動，很難意見不合就轉身離開。在群體社會中生活的我們，必然會捲入某些議題或紛爭，如何在這樣的前提下，還能保持心中的平靜與快樂呢？

我認爲，降低物欲是很重要的。享受少一點，多找一些有意義卻免錢的活動，人生覺得充實，錢財也夠用。一旦欲望降低，情緒起伏就不會那麼大。物欲太重，一個人是不會快樂的。欲望的高低，又與看世界的眼光有關。看世界是爭鬥的，欲望就高。看世界是互助的，欲望就低。

客觀環境的好壞雖然會影響一個人的感受，但一個人對事情的看法往往影響更重大。心態悲觀往往才是厭世的主要原因。悲觀的人看逆境，認爲是一種痛苦的折磨，自然想用消極逃避的態度去面對，情緒自然愈來愈糟糕。要是樂觀的人，反倒覺得逆境是一種難得的磨練，是可以讓自己變得更好更堅強的機會，不僅痛苦的程度大幅下降，還能更積極的生活著。

我很喜歡易經這本書。書中傳達的核心概念是「物極必反」，好運走到盡頭一定是壞運，壞運走到盡頭一定是好運，這是萬古不變的道理。易經一再強調的就是堅守正道，一個人堅守正道，即使遇到凶險，也能逢凶化吉。若非如此，即使遇到好運，也會樂極生悲。

快樂的人跟不快樂的人，主要的差別就在「態度」的不同。好運不可依賴，因爲總有一天會消失。壞運也不需要悲觀，因爲總有一天會走完。寫《念頭一轉，心就不煩》這本書，期待對於身處困境、焦慮不安、憂鬱纏身的人有所正面的效果，最期待幫助這些人改變思考角度，進而讓壞情緒獲得改善。

第1篇

認識心理治療

每個人的心理都可能有情緒困擾，
我們應該學著去重視不快樂、生氣、冷漠、恐懼、焦慮……，
適時尋求專業的心理判斷，
才能有效走出難解的情緒迷宮。

〔認識心理治療〕
〔心理治療效用〕
〔會談治療取向〕
〔診斷心理問題〕
〔精神疾病成因〕
〔精神疾病分類〕
〔精神疾病治療〕

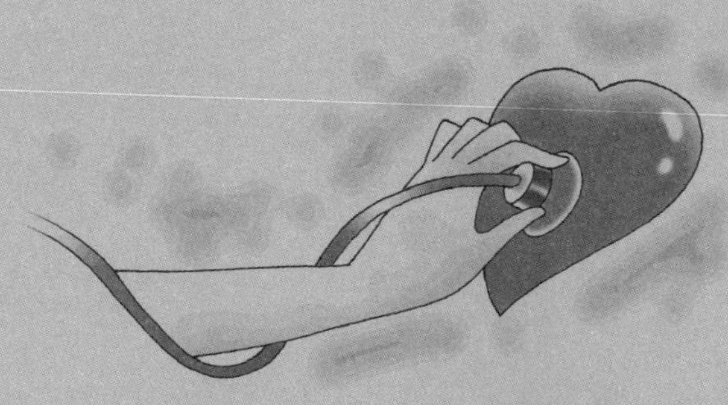

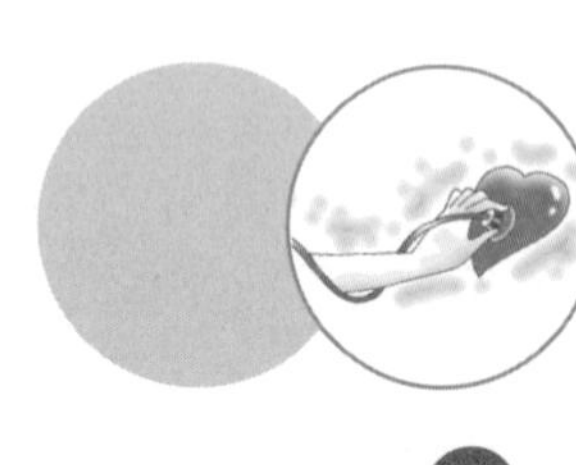

認識心理治療

別小看心理治療

許多人常誤以爲「心理治療」不過是在聊天、談心事，不認爲這隸屬於醫學中的專業領域。

然而，在現實生活裡，卻時常由於「心裡的結難解」，而陷落困擾、抑鬱當中。

專業諮詢vs.一般聊天

爲何「聊天」可被視爲一種專業呢？這大概是一般人對心理治療的質疑。相較於其他專業醫療領域來說，心理治療師的角色相當模糊。若以內、外科醫師爲例，他們對患者身體健康提供的協助就是診斷病情、藥物及手術治療，患者看得見醫師所做的工作，所以給予肯定。以牙醫師爲例，他們對患者的牙齒健康問題提供協助，患者感受得到牙醫師所做的工作，所以也加以肯定。再以復健師爲例，他們對患者的身體功能障礙進行復健，做各種肌力訓練，患者了解復健師所做的安排，也會肯定他們的表現。但是，心理治療是什麼樣的醫療專業？聊天又能帶來什麼幫助？由於患者的了解不多，當然無從肯定起。

心理治療的功能性

心理治療跟一般的聚會聊天有什麼不同呢？我們可以從兩個方面來說明：

心理治療師是客觀、中立的第三者

在專業治療的互動關係中，心理治療師所扮演的角色是客觀的第三者，因此不會有角色混淆的問題。

請想像一個情節，「有位女士的先生發生外遇了，她的先生雖然已經痛改前非，但是這位女士依然氣憤難消。如果是由婆婆扮演輔導者，勸導這位女士原諒先生。你想這個女士會怎麼想？她難道不會覺得這位婆婆偏袒自己的兒子嗎？」

專業的心理治療師因為是中立的第三者，並且抱持著客觀理性的態度，所以，勸導的效果比較大。因此，如果是心理治療師自己的朋友或親人有心理困擾的話，一定會轉介給其他心理師來進行輔導，而不會自己當起親友的治療師。

心理治療談話的頻率及時間有限制且具建設性

若某個人長時間心情鬱悶，必須常常打電話與朋友聊天以紓解壓力，但久而久之，朋友們會害怕接到他的訴苦電話，連親人也漸漸感到厭煩，致使這位憂鬱的人變得更無助。這就是要藉由一般的人際談話來做心理治療時，可能會遭遇到的困難。

爲什麼一開始原本很熱心傾聽的朋友會漸漸變得不耐煩呢？理由很簡單，因爲抱怨的事情一再重複，但是問題實際上卻一直沒有改善。也可能當對方接到訴苦電話時已經疲憊不堪，卻還要接收你許多繁雜的思緒，自然會覺得自己的時間被剝奪，也就無法再耐著性子聽下去了。

「專業」以對

爲什麼心理治療師平均每天都聽患者訴說數小時的煩惱，一個星期傾聽五、六天，卻不會感到厭煩呢？主要原因是，心理治療師一個星期只聽你訴說一個小時，所以能夠在有限的時間裡聚精會神的分析你的問題，提供改善的策略。再者，心理治療師通常知道這些問題的解決方法，因此會不斷思考各種治療的策略來協助你，因爲存著情況會改善的信念，所以不會感到厭煩。

因此，不要認爲心理治療師只是像朋友一樣在聽你倒心情垃圾而已。專業的心理治療師會在有限的時間內釐清你的問題，擬定治療的計畫，導引會談的方向。這跟一般的聊天是很不同的。

心理師的快樂配方

- 心理師是客觀的第三者，所提供的見解與建議，當事人較能夠接受。
- 心理師具有完整的心理治療知識，可以有效率的協助當事人解決問題。

因此在你走不出情緒迷宮時，請勇敢尋求專業的心理治療師協助。

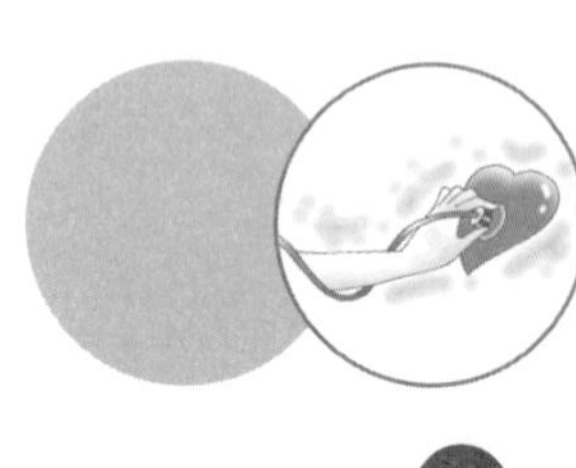

心理治療效用

心理治療，可能救你一命！

單純談話為何可做治療呢？心理治療又是如何產生療效的？當你了解心理治療的本質之後，就會知道，透過談話來進行心理治療是相當適當的。

心理問題與心理治療

為什麼「談話」可以做為一種治療方式呢？我想很多人對於心理治療都存有這樣的疑問。在回答這個問題之前，我們應該先從心理治療所處理的問題談起。

心理問題 vs. 生理問題

心理治療主要是在處理「心理問題」，那麼什麼是心理問題？其定義是：「可以透過學習使症狀獲得改善的問題。」舉例來說，有的人因爲太緊張而容易口吃，當他學會了放鬆技巧，就能使口吃症狀獲得改善。

相對於心理問題的就是生理問題，生理問題的定義是：「無法透過學習而改善症狀的問題。」譬如，有的人因爲聲帶肌肉的問題而產生口吃，不論如何學習、矯正，口吃現象依然存在，這就屬於生理的問題。

從大原則來說，心理治療對於單純的生理問題是沒有直接幫助的，它只對心理方面的問題有效。心理治療不能治療肺炎，不能處理傷口，這是很明顯的。但其所造成的間接影響，則可能會改善生理的問題。譬如，因爲學會放鬆技巧而增強身體的免疫力，降低罹患感冒的機率。或者養成良好的飲食習慣，使糖尿病、高血壓等疾病得到穩定控制。所以，我們可以說心理治療是在學習一套健康的生活模式，這套模式不只對心理問題有效，也能間接預防生理問題的惡化。

心理治療的功用

既然心理治療的核心是「學習」，那麼，「談話」就成爲主要的治療方式了。在心理治療的過程中，心理治療師會依個案的情況，安排適切的課程，就如同教練在旁協助個案學習。當個案可以吸收課程的內容並充分練習，就能學會不過度悲觀與焦慮，並朝改善生活的方向前進。

至於心理治療對患者的實際幫助是什麼，可以從以下四點來討論：

被支持與被接納

許多個案在心理治療的過程中才首次暢談自己內心壓抑的感受，這種傾吐本身就有發洩情緒的效果。當心理治療師可以傾聽並接納個案時，個案的情緒往往就會有明顯的改善。這樣的治療關係本身就有很強的安慰效果。

提供定向感

心理治療師擁有足夠的精神醫學知識及經驗，可以讓個案清楚知道自己正處於什麼樣的情況，可以持續做哪些努力。在我會談的經驗中，許多人受到先天遺傳與後天環境的影響，有生活適應上的困難。他們可能常常出現悲觀憂鬱的想法、可能太過敏感使得情緒總是很緊繃、可能因性格太過內向而無法與人自在的互動等，遺傳跟環境交互作用出來的種種障礙就像一座茂密的叢林般。許多人受困在憂鬱、焦慮的情緒中，就像傍晚在森林裡迷路一樣。而心理治療師可以像一名有經驗的導遊，提供良好的定向感。

專業的治療技術

舉凡像憂鬱、悲觀的想法、過度的焦慮、強迫行爲（Compulsion）等，都需要特定的治療技術，這些情況並不會因爲一次的會談就消失。在國外已經發展出相當完整的心理治療技術，針對各種心理疾病，都有不同的治療方法，這樣的技術相當需要專業的素養與經驗才能發揮效用。

引導領悟

這個層面的心理治療如同在探討文學或藝術，沒有標準答案與對錯。心理治療師除了要有專業的素養之外，也需要有敏銳的觀察力，才能夠看出當事人的行爲模式及心理動力，並傳達訊息讓當事人了解。

綜合來說，心理治療的第一個功能是人人都可以做到的，只要你願意關心別人、傾聽別人的心聲，你就擁有心理治療師的部分能力了。但千萬不要誤解心理治療就僅止於此而已。因為，傾聽、接納只是心理治療最基本的工作，提供定向感、專業治療技術、引導領悟才是心理治療的重點。

如果有人認為心理治療僅是聊一聊而已，這是對這個領域缺乏理解的說法。心理治療的重點不在於談話，而是在於心理治療師的專業知識，就如同整個醫學的重點不在於藥物、針劑或手術刀，而是在於醫生累積一、二十年的專業知識一樣。

心理師的快樂配方

如果你有親友出現了心理困擾，而你想要當一個稱職的傾聽者，建議你要做到下列兩點：

- **多同理他的感受**——詳見第一二五頁〈練習同理心對話〉一節。
- **少給建議多傾聽**——多花時間釐清對方的困擾，不要談論過多自我觀點。

如果你發覺對方的煩惱已經開始帶給你壓力，你應該建議他尋求精神醫療的協助。知道自己能力的極限，建議對方尋求適當的協助，也是心理師重要的能力之一。

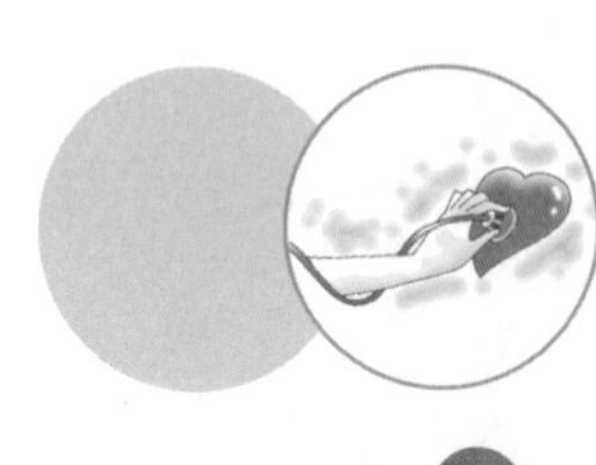

會談治療取向

過去、現在、未來

並不是每個心理師都有相同的治療取向。與你會談的心理師是一個過去取向的心理師，還是一個現在、未來取向的心理師？這兩種取向又有什麼差別呢？

你在跟什麼取向的心理師會談？

如果你有機會與不同的心理治療師會談，會發現到不同的心理師所會談的方向有很大的差異。有的心理師採取過去取向，會一直詢問你過去的生活經歷；有的心理治療師採取的是現在、未來取向，會一直詢問你現在的生活問題及未來的目標。

這兩種方式都可以改善心理層面的問題，只是會談的方向不同。舉例來說，小李從小成長於一個不健全的家庭，他的父親有酗酒毛病，常常無故毆打他。而他在成長過程中，也遇到不少會欺負他的人，使得他對人際互動有很深的畏懼，當他長大之後，常常有憂鬱、無助的感受，因此他接受了心理治療。

如果是一個採用過去取向的心理治療師，可能會開始詢問小李過去的生活事件以及他對這些事件的想法與感受，然後，試圖讓小李從整理記憶的過程中發洩情緒，從而看清楚自己。

如果採用現在、未來的治療方法，心理治療師常常會詢問的問題可能是：「你現在生活中的困擾是什麼？」「你未來有什麼目標？」如果當事人談論到現在的問題是怕與人接觸，心理治療師會協助探討其中的原因，並建議他在生活中嘗試一些新的改變。如果當事人對人際接觸很恐懼又即將面臨就業問題，心理治療師會探索就業時可能出現的人際困難，協助當事人適應未來的就業生活。採用現在、未來取向的心理治療師通常比較少談論過去的生活經歷。但是如果過去發生的事件，對當事人現在的生活有重大的影響時，那麼心理治療師還是會觸及這些問題。

當你出現心理困擾時，到底是要談過去的經歷或者談現在跟未來比較好呢？針對這點，並沒有定論。不過，過去取向的治療方式往往需要比較長的治療時間，也比較不能夠立即解決現有的問題，這是它的缺點。現在心理治療界比較偏向朝短期、有效率的治療方式來發展，因此，接受現在、未來取向的心理治療師似乎愈來愈多了。

心理師的快樂配方

如果你目前在跟心理治療師會談，而你不確定他的治療取向是什麼，可直接詢問心理治療師的治療取向為何。

一個有能力的心理治療師應該可以清楚的交代自己的治療取向，以及對你問題的治療策略。不要羞於發問，如果你聽不懂治療師在講什麼，那絕對是治療師的問題，不是你的問題。

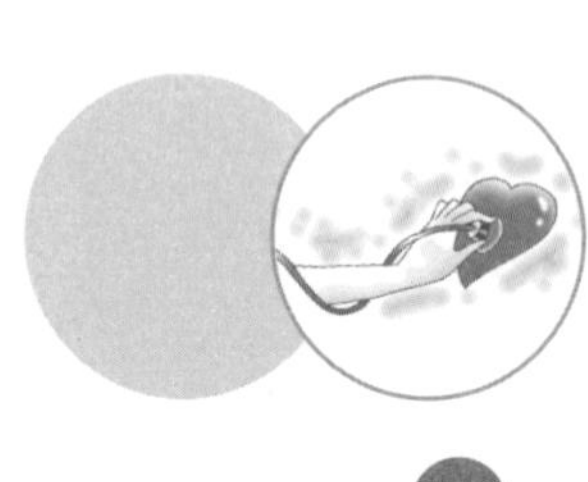

診斷心理問題

怎樣辨別「心理正常」或「心理異常」？

不快樂就是一種異常嗎？
生氣、冷漠、恐懼，這些都是異常嗎？
有人誤解精神醫療會把人的許多情緒都視為異常。
事實上，精神醫療有它固定的判斷標準，
每一個診斷都是有背後根據的。

正常與異常的界線

許多人常常質疑，為什麼精神科醫療人員總是把正常的情緒反應都當成是一種疾病？譬如，面臨聯考失敗，心情低落，醫師說是憂鬱症；因害怕上台報告導致情緒緊張，醫師說是社交畏懼症等。

之所以有這樣的質疑，是因爲大家對於精神醫療不夠了解，如果稍加介紹精神醫療診斷的過程，就能理解精神醫療的思考模式。

精神醫療會將一個人的心理問題診斷成疾病，主要參照的標準有下列三項：

反應太過度

許多精神科的診斷都是從程度上的強弱來劃分正常與異常的。如果強度不會太強，那就是正常；強度太強或者問題持續太久，那就是異常。

舉例來說，小陳失戀了，心情鬱悶持續好幾個星期，對許多事情都失去動力。這樣的反應在一般人看來也覺得合理，所以不算是異常。但相反地，如果他心情難過到每天把自己關在房裡，食不下嚥也不太與人交談，還會拿銳利物品自殘，一心尋死。這樣的情緒反應就太過強烈，即使一般人來看也會覺得不太合理。如果由精神科醫師來診斷，可能會鑑定爲重度憂鬱症。

即使小陳沒有如此強烈的情緒反應，但如果他一直沒有辦法走出情傷，經過好幾年還是悶悶不樂，那這樣的反應也算太過度，一般人來看也會覺得不合理。如果由精神科醫師來診斷，可能會鑑定爲輕度憂鬱症。

再提到焦慮問題，有的人生性害羞，當跟陌生人講話時會感到不自在，這是很正常的。但是如果在群體中就會感到很緊張、冒冷汗，甚至會怕到發抖，這樣的強度就太強烈，落入了異常的範圍。

造成功能上的損害

當事人的心理問題是否造成其明顯的功能損害，這也是精神科醫師在評估個案是否有精神困擾時的重要考量。如果當事人的心理問題已經使得其生活功能變得很差，可能就會被認定爲異常。舉例來說，小林因爲罹患強迫症（Obsessive-compulsive disorder），每天都要花一、兩個小時的時間檢查（Checking）一些無關緊要的東西，導致他不斷地被老闆辭退。這種情況即使當事人並不覺得有問題，但是他的症狀還是讓他的職業功能受到很大的損害，因此，就會被列入異常的範圍。

主觀的痛苦

即使當事人可以正常工作、與人互動，也不會有太過度的情緒反應，但是如果當事人主觀覺得痛苦、不快樂，那麼這樣的人也會被列入精神醫療協助的對象。

所以，精神醫療並不是把所有有心理困擾的人都認定爲異常，通常專業醫療人員會觀察當事人表現出的反應強度，判斷其反應是否過度。其次，我們也會評估當事人的症狀是否造成他各方面功能的損害。最後，我們評估當事人主觀的感受，再判斷他是否需要協助。所以，客觀上來說，精神疾病的判斷標準並沒有像一般人想像中的那麼低。

當然，即使我把精神醫療的思考觀點清楚條列出來，大家還是可能提出質疑：「爲什麼反應強度太強、生活功能不好就是異常呢？有強烈的愛恨情仇、過著頽廢的生活不是很好嗎？」當人們提出這個問題的時候，討論的重點已經牽涉到哲學觀點的爭執，這已經不再是精神醫學領域所探討的範圍了。

心理師的快樂配方

精神醫療並不會把所有不好的情緒都認定為異常，它有著固定的判斷標準：

- **反應太過度。**
- **造成功能上的損害。**
- **主觀的痛苦。**

上述這三點，至少要符合一點以上，才會被認定為異常。

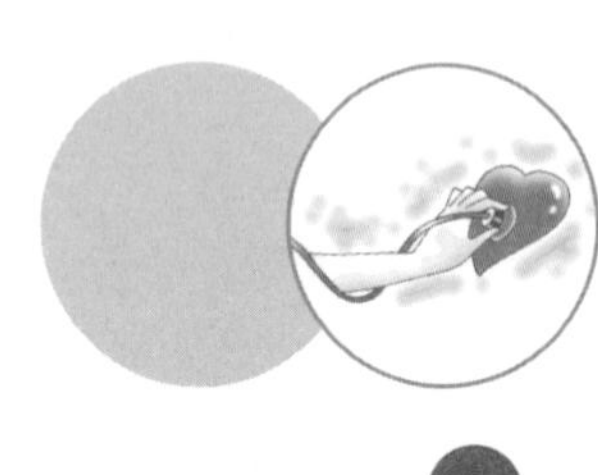

精神疾病成因

精神疾病是先天基因還是後天遺傳？

精神疾病到底是怎麼產生的？是來自先天遺傳還是後天環境？知道了這個問題的答案，對我們又有什麼幫助呢？

先天基因vs.後天環境

精神疾病的成因

精神疾病是由先天還是後天所造成的呢？這個問題的答案要看你問的是哪一類疾病而定。如果你問的是精神分裂（Schizophrenia）、躁鬱症（Bipolar Disorder）這類較爲嚴重的精神病（Psychosis），那麼先天造成的成分可能比較高；如果是像憂鬱症、焦慮症這類比較輕微的精神官能症（Neurosis），那麼後天的成分可能比較高。

到底是由先天或後天所造成，誰也不能提出一個標準答案。因爲每個人都有獨特的基因，而這個獨特的基因從一開始出現時，就與獨一無二的環境交互作用。因此，每一個人生命中的所有反應，都是先天的基因與後天的環境交織出來的。

當一名青少年出現了某個問題行爲時，已經很難分辨這個行爲到底是先天基因所帶來的，還是後天環境的影響。如果要勉強解釋他的行爲，只能說其基因遇到了所處的環境，所以導致了現在的行爲。

精神疾病的治療

雖然，探討精神疾病的成因是相當不容易的，但是在治療上，精神醫療領域卻有一個相當一致的共識——那就是生理、心理、社會的（Bio-psycho-social）治療取向。簡單來說，不論一個人心理困擾的成因是先天因素比較重，或是後天環境因素比較重，精神醫學專家都認爲一個完整的治療計畫應該要包含生理、心理、社會各層面的治療與協助。

以一個精神分裂的患者來說，必然需要服用抗精神病藥物（Anti-psychotics）來控制病情，這屬於生理的層面；但同時，他對於疾病的心理調適、憂鬱的心情也需要照顧，這屬於心理的層面；而其親人的支持與否、是否被社會接納也相當重要，這屬於社會的層面。心理治療師唯有兼顧到患者在生理、心理、社會各方面的需求，患者的病情才能夠穩定控制，其生活品質也才有所保障。

所以，精神疾病是先天或後天的，這個問題並不重要，即使知道問題的答案，也無法解除目前的煩惱。這個問題還是留給科學家或者醫學研究人員去解決就好了。

心理師的快樂配方

親友們對於精神疾病的問題，並不需要特別去了解病因，因為即使了解，對於治療上也沒有什麼幫助。不斷追問這個問題只是徒增迷惑及罪惡感而已，不如把精力集中在眼前問題的解決上。

精神疾病分類

如何分類精神病與精神官能症？

精神科的病人都瘋了嗎？
還是精神科的各種疾病有輕重緩急之分？
到底我們所說的精神病指的是什麼？
精神官能症指的又是什麼呢？

精神病vs.精神官能症

精神病（Psychosis）與精神官能症（Neurosis）是對精神疾病（Psychiatric disorders）做概略分類時常用的兩個名詞。這兩種疾病是不一樣的。精神病是腦部的生理功能出現異常而導致，所以症狀往往比較嚴重。精神官能症則是腦部功能尚在正常範圍，但是心理調適層面出現問題，所以症狀往往會比較輕微。

精神病的診斷包括精神分裂症（Schizophrenia）、情感性精神分裂症（Schizoaffective

disorder）、躁鬱症（Bipolar disorders）、自閉症（Autistic disorders），再加上嚴重的重鬱症（Major depressive disorder）、恐慌症（Panic disorder）及強迫症（Obsessive-compulsive disorder）。

精神官能症則是指中、低度的憂鬱、焦慮等問題。精神官能症的患者雖然受憂鬱、焦慮問題困擾，但往往還是可以正常的工作與生活。精神病大多需要服用精神病藥物來長期控制病情，精神官能症則未必需要長期使用精神病藥物。

精神病的特徵

精神病患者的病徵相當明顯，有一些相當不合乎常理的想法與行爲，譬如：

- 感覺被監視、被陷害。
- 嚴重的重鬱患者則有許多誇大的罪惡感或無價值感。
- 躁鬱症患者可能會覺得自己有神奇的能力可以影響全世界。
- 某些精神分裂患者可能會看見或聽見一些事物，但是正常的人根本沒有感覺到。

簡而言之，精神病患者在思想上不合乎邏輯、存有幻覺，或者症狀嚴重到干擾生活，其病徵會讓你一接觸到就印象深刻。

精神病患者所感受的世界是危險且恐怖的，其腦部狀況讓他們生活在痛苦之中，因此相當需要精神病藥物的協助。

精神病的治療

不少精神病患者（尤其是精神分裂症、躁鬱症）往往極力否認他們患有腦部的疾病，他們認爲這些幻覺、妄想都是眞實的。患者的親屬們應該存有一個觀念：即不管患者多麼堅持他們的幻想是對的，必須了解這都是來自於腦部的生理功能出現問題。要改善這些問題，服用精神病藥物是目前最有效的解決方式。

然而，許多患者家屬都有個疑慮，即長期服用精神病藥物是否會變得呆呆笨笨的？其實，精神病這類疾病（不包括精神官能症），本身的病程發展就會讓一定比例的患者漸漸地智能退化，這個問題不是來自於服用精神病藥物，而是來自於病程本身的發展。

抗精神病藥物是用來減緩疾病的惡化速度，如果沒有服用抗精神病藥物，言行怪異的患者會更多且病情更嚴重。此外，抗精神病藥物並非百分之百有效，無法改善所有症狀，也無法完全中止腦部功能惡化的進程。所以，依然可以看到一些長期在精神科就診的患者，還是有智能退化或怪異的行爲存在。

但即使抗精神病藥物不能達到百分之百的療效，它依舊是目前最有效的治療方式，不能因爲沒有完全的療效而放棄不用。試想，癌症患者的治療是百分之百有效的嗎？如果只有百分之三十的療效，難道就不願意嘗試嗎？抗精神病藥物的療效高達六至八成，是不是很值得讓患者嘗試看看呢？

對於精神病，尋求專業的精神科治療才是正確的，親友不應該跟隨患者所堅持的怪異想法，去對抗一個根本不存在的幻影。

心理師的快樂配方

精神疾病種類很多，輕重程度也差異很大，人們應該多了解精神疾病，減少對精神疾病的歧視。

即使是面對嚴重的精神病，人們也不應該歧視他們。因為患者由於腦部的病變影響，出現各種怪異的行為，這並不是他們自願的。

我們能做的，就是鼓勵患者接受精神醫療的照顧，穩定的控制病情，而非一味的尋求靈異解釋，追尋一個不存在的幻影。

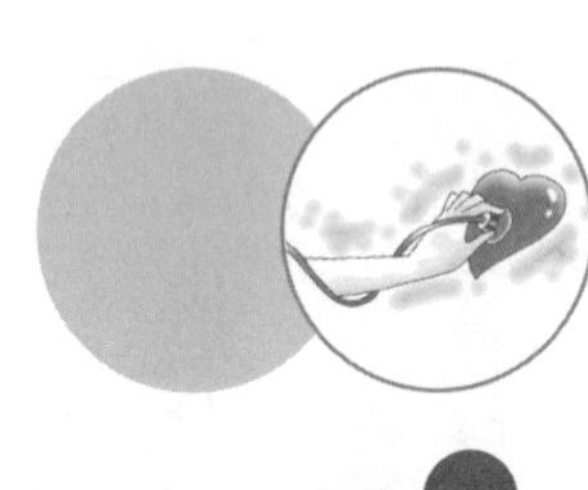

精神疾病治療

尋求心理治療好還是藥物治療好？

當我們心裡出現困擾的時候，
應該要接受心理治療還是接受藥物治療呢？
這兩個選擇哪一個比較好？
心理治療跟藥物治療眞的只能二者選一嗎？

心理治療 vs. 藥物治療

哪一種治療比較好？

心理治療跟藥物治療都可以有效改善心理問題，這是精神醫學界普遍接受的共識。

但是因爲心理師沒有醫藥方面的專業，必然會比較支持心理治療而排斥藥物；而精神科醫師因爲比較不了解心理治療的模式，因此，也必然會傾向藥物治療而放棄心理治療。

這兩種治療方式到底哪種比較好呢?這樣的疑惑存在於很多患者的心中。

其實這兩種治療方式並沒有好壞之分,要視運用在哪一個問題跟階段而定。同樣的治療方式在某甲的某個問題的某個階段上很有效,但是在某乙的某個問題的某個階段上可能就一點幫助也沒有。

我們以烹飪來比喻,藥物治療就像大火快炒,心理治療就像細火慢燉,這兩種方式都可以做菜。但是如果用得不對,烹調出來的菜可能會讓人難以下嚥。同樣的,治療心理問題也是如此。當患者的情況嚴重時,應該先使用藥物穩定病情;當患者的情況趨於穩定時,則使用心理治療解開患者內心的結。所以,哪一個治療方式比較好呢?如果你有專業的判斷力,妥善的選擇治療方式,那麼這兩種治療方式都有益處。如果你沒有專業的判斷力,隨便的施予治療,那麼這兩個治療方式就都有害。因此,專業的判斷是唯一的決定關鍵。

適合藥物治療的情況

怎麼判斷一個人是否需要藥物治療呢?從大原則來說,只要患者的生理狀況處在明顯不穩定的狀態,我們就會建議使用藥物。具體來說,下列情況都是需要服用藥物的:

經診斷確定是精神病患者

只要診斷確定是精神分裂（Schizophrenia）、躁鬱症（Bipolar Disorder）等精神病，藥物的控制絕對優先於心理治療。出現這些疾病意謂著腦部已經出現生理上的問題，唯有藥物才能夠穩定腦部的狀況，心理治療基本上只是輔助療法而已。

症狀嚴重影響日常生活者

不管是憂鬱、焦慮或其他的問題，只要病患會因爲這些問題而導致日常生活機能的嚴重退縮，我們就會建議服用藥物。

藥物雖然不能夠完全消除患者的問題，但還是可以讓這些不愉快的感受明顯降低。

主觀感到相當痛苦

即使一個人從外觀看起來問題並不嚴重，生活適應也尚可，但只要他感覺相當痛苦，我們還是會建議他服用藥物。因爲藥物可以很快的舒緩這些症狀，讓患者情緒可以穩定下來去面對眼前的煩惱。

關於藥物的副作用

許多患者不喜歡服用精神科藥物，一來是怕會變得反應遲緩，二來則是擔心藥物會有副作用。其實這兩點考量都不是很有道理。

以第一點來說，某些精神科患者反應會變得遲緩，不是由於藥物的影響，而是因爲病情本身的因素。這些患者所罹患的疾病就本質上來說即爲一種腦部的疾病，疾病本身就會帶來智力退化，所以不是藥物的問題。

針對第二點藥物副作用的問題，精神科藥物的確有副作用，常見的副作用包括：慵懶、頭暈、頭痛、噁心等，這些副作用在藥物使用的初期很容易出現，因此，讓不少患者很擔心。但是，就效益上來說，如果患者的心理困擾眞的很強烈，還是鼓勵患者應該要服用藥物，因爲這些心理困擾對患者造成的痛苦比藥物的副作用問題嚴重多了。

視情況選擇治療法

總結來說，精神科藥物的優點在於它能迅速的控制生理狀況，讓患者穩定下來。但其缺點是，藥物並沒有辦法解開患者深層的心理問題，要解開深層的心理問題，還是要藉助心理治療的力量。

所以，如果你的情況比較嚴重，痛苦的感受很強，建議你首先接受藥物治療；當你的情況尚穩定而又感覺內心有心結時，才需要接受心理治療。

心理師的快樂配方

心理治療與藥物治療是相輔相成的。藥物使用於急性期，可以迅速的控制症狀；心理治療使用於穩定期，可以解開深層的心結。妥善的結合藥物與心理治療，將可以發揮最好的治療效果。

年

月

日

心情 ☺

第2篇

人生困境

當我們遇到人生困境時，要勇敢面對？還是避開困境？
只要願意想出方法，掌握難題，
就能像駕駛飛機的機長，
面對各種不確認、危險事件時，
能主動掌控問題，積極的解決眼前困境……

〔痛苦回憶〕
〔感到絕望〕
〔心理問題〕
〔人生困境〕

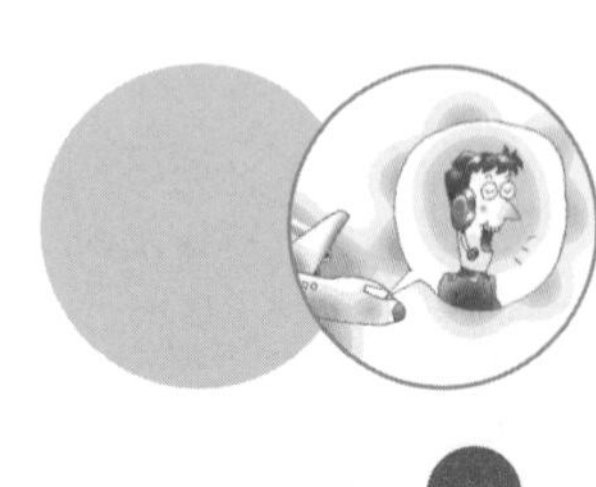

痛苦回憶 誠實面對，探觸內心

我們該怎麼面對痛苦的記憶？
許多人都叫自己不要再想了，
這眞的是一個有效的方法嗎？
吃藥能不能把這些記憶消除呢？

復原的唯一出路

一個人有可能把非常不愉快的記憶完全抹除嗎？不管是透過服藥、催眠或者其他方式？這個問題的答案是「不可能」，至少以現代的科技來說是不可能的。

所以，如果你累積了很多痛苦的記憶，是無法透過外力把這些記憶消除掉的。針對這些不愉快的記憶，唯一能做的，就是誠實面對它。

誠實面對意謂著你應該去面對自己內心的感受，而不是壓抑它，自我欺騙什麼事都沒發生。舉例來說，當你因母親管教太嚴而感到生氣，不是告訴自己「媽媽是爲了我好，我不應該生氣。」而是應該告訴自己「我的感覺是什麼就是什麼，這就是我的情緒。」至於要如何處理這種負面情緒，那是之後的事情，至少現階段應該要做到誠實面對。又譬如，如果有人一直回憶起過去傷痛的經驗，他不應該一直告訴自己「不要再想了，過去就過去了」，反而應該重新檢視這些經驗。原因是，如果一件事情已經過了那麼多年，依然一直出現在腦海中，表示這件事情對你而言一定相當重要，也代表這段傷痛還沒有完全解決。

在我會談的個案中，還沒看過有人可以透過意志力把記憶完全壓抑下來的。相反的，倒是看到不少很壓抑的人，到最後情緒強烈的爆發。

打個比方，人的心靈世界就像是一條河流，而憤怒、恐懼、悲傷就是偶爾漂流過的浮木。如果浮木出現了，你可以接受它的存在，讓它慢慢的漂離，那麼過了一段時間之後，浮木就會完全消失在河的盡頭。但是，如果你無法容忍浮木的存在，而將這些浮木一一壓入水底，表面上看來，河流迅速清乾淨了，好像一切都很美好；但是時間一久，被強壓到水底的木頭就阻礙了河水的流動，漸漸地使整條河流的水質惡化。人的心靈世界也是如此，壓抑情緒只會讓一個人的內心產生更多問題，誠實的面對才能夠讓問題漸漸的消失。

當然，要一個人探觸自己內心眞正的感覺，赤裸裸去面對傷痛，是一段很辛苦的過程。如果有人可以發明一種藥，服用之後可以讓人忘記不願記起的事，又不會傷害到腦部的功能，那麼我是滿支持以這種方式治療的。因爲如果藥物可以更快更有效的解決問題，爲什麼不採用呢？但事實上，藥物並不具有這麼神奇的效果，所以我們並沒有選擇的餘地。建議誠實面對自己的內心問題，不是因爲這是一條好走的路，而是因爲這是唯一的路。

心理師的快樂配方

許多人都認為心理問題是無解的，因為他們發覺不管怎麼做，痛苦的記憶還是存在。其實，痛苦會一直存在是很合理的，因為你一直在逃避，不願直接的面對它。

要解決痛苦的唯一方法就是誠實的面對它，唯有冷靜的看清楚自己的痛苦，才能從這些痛苦之中解脫。

感到絕望

想出方法，掌控難題

當你對人生感到絕望的時候，該怎麼辦呢？
坐著等待命運的審判？
還是奮力扭轉自己的人生？
哪一種面對的方式會活得比較好呢？

絕望感 vs. 掌控感

如果你問一個人：「你覺得未來一點希望都沒有了嗎？」
而對方說：「對！」
那麼你可以合理懷疑這個人是否罹患憂鬱症了。
「絕望感」是憂鬱症的徵兆之一，也是一個預測自殺與否的指標。當一個人對未來已經全然絕望的時候，則會有自殺的危險。既然絕望感可以預測憂鬱症，那麼如果將絕望感消除呢？如果我們努力讓一個人懷抱著希望呢？我想，這會是個有趣的問題。

曾經有個節目報導某架飛機在值勤時，遇到驚險狀況的經過。那架飛機的零件在飛行中出現故障，全機的旅客也都知道飛機發生問題了，此刻全機籠罩在一種可怕的氣氛中，而機長正試圖努力將飛機迫降。

慶幸的是，機長最後終於將飛機平安的降落。但是，在事件過後的數個月期間，當時搭乘飛機的乘客都陸續出現類似創傷後壓力症候群（Posttraumatic Stress disorder）的症狀，他們會不斷地想起那天可怕的情景、時常做惡夢，因此一直無法放鬆下來。

唯一不會受到驚險狀況影響的人就是駕駛飛機的機長。這是爲什麼呢？機長跟乘客都經歷了相同的事件，但是他們的感受卻截然不同，其原因何在呢？我想，「掌控感」應該是最主要的差別。

試著想像當時的情境：

機長已經得知整個情況，也知道如何努力，而機上的乘客卻只能在無奈中等待。機長全心全意的投注精神在解決眼前的困境，而機上的乘客則處在無望的恐懼感當中。

所以，整個事件結束之後，機上的乘客回憶起整個事件時，那種可怕的感覺揮之不去，而機長則是覺得自己經歷一趟很精彩的旅程。

上述的例子可以延伸出一個生活上的道理：「當我們遇到生活上的困境時，坐以待斃是最差的做法，我們應該把心力集中在眼前的問題上，盡力去做各種嘗試。」

進行各種計畫與嘗試比空想來得重要。有的人在遇到困境時，雖然會不斷地在心裡面替自己打氣「我還有機會」、「未來充滿希望」，但是卻什麼事情也不做。因此，他們很快就會感到絕望，因爲他們雖然在心理上鼓勵自己，但在行動上卻告訴自己「不用再試了」、「沒有用了」。至於那些採取行動的人呢？他們也許沒有在心裡面一直替自己加油打氣，但是他們每一次的思考與行動，都是在向自己說「事情一定可以解決的」、「我一定要堅持下去」。

所以，當你面臨人生的困境時，不要浪費太多時間去煩惱，應該先集中心力想出方法，然後努力解決。當你不斷地用心去解決眼前的難題，試圖要去掌控它時，絕望感就會離你愈來愈遠了。

心理師的快樂配方

你知道你的絕望感是怎麼來的嗎？

把你最近在煩惱的事情一件一件的寫下來，讓他們加起來的總分是十分，然後由高到低排列這些問題。

你會藉此知道哪些事情可能是讓你感到絕望的原因。

記得把心力集中在這些問題上，盡力去做各種嘗試。不斷的思考，不斷的採取行動，最好是讓自己根本沒有時間憂鬱。

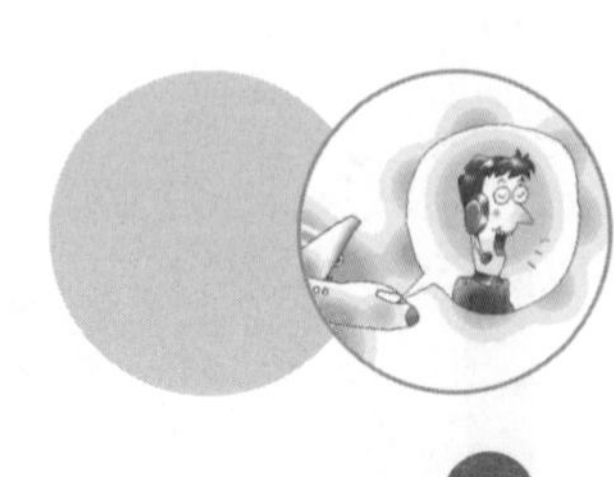

心理問題

問題解決7步驟

你受困於心理、情緒的問題有多久了？
而你又花了多少時間去思考它們呢？
如果你感覺思緒繁雜，不知道怎麼解開心結，
練習「問題解決技巧」是一個不錯的開始。

科學的問題解決步驟

我常看到很多人非常賣力地工作、讀書，目的是希望有一天能夠功成名就，因此他們把心力全都放在衝刺事業與學業上。相對來說，他們很少認眞思考自己在人際、情緒或其他層面上的問題。即使有想過，也是任由自己漫無目的的亂想，而不會將這些問題當作是一件很嚴肅的事情。因此，這些問題通常就會一直困擾著他們。

要處理這些長期存在的問題，我們常常建議當事人運用一套系統性的方式來思考，這套思考方式稱之爲「問題解決技巧」(Problem-solving technique)。

問題解決技巧有固定的流程與步驟，它會促使你以一種縝密的方式來思考問題，也會迫使你用不同的角度、變通的方式來思考問題。下列就是主要的步驟：

步驟1 找出問題，問題陳述得愈單一、愈清晰愈好

第一個步驟強調，你必須將現在所遭遇到的問題講得愈單一、愈清晰愈好。舉例來說，當你面臨人際方面的問題時，可以把問題條列出來，像「我被某些同學排擠」，這就是一個單一、清晰的陳述，這樣也比較容易解決；但如果你是提出「我的人際關係不好」，這就顯得比較空泛、模糊，會讓以下的解決步驟難以進行。

步驟2 找出各種可能的解決方式

如果你被某些同學排擠，而你想要解決這個問題，當然會想到各種解決辦法。譬如，請其他同學幫你出面溝通、主動釋出善意、找老師詳談及不理會他們等。如果你用心的思考，會想出不少解決的辦法。

步驟3 考慮每一種解決方式的實用性與後果

當你列出各種可能的解決方式之後，必須一一地去分析這些方式的實用性及後果。譬如，如果你想找其他同學幫你溝通，有沒有可能產生傳達錯誤的情況？對方會不會覺得你很沒有誠意？如果你主動釋出善意，對方會不會根本不理會呢？如果他們沒有回應，那你要怎麼辦？

步驟4 選擇其中一種解決方式

當你分析過各種方式的利弊得失之後，就要選擇其中一種解決方式來執行。

步驟5 界定出具體的解決步驟

當你決定了其中一種的解決方法之後，就必須擬出詳細的執行步驟。你可能會在擬定計畫的過程中預見一些困難點，這時你就可以在困難發生之前解決它。

步驟6 執行這個解決方式

步驟7 評估整個問題解決的過程，想一想還需要改善的地方，並設定1至10的等級分，來評估自己達到的程度

最後這個步驟是用來評估自己執行的成效。如果計畫執行成功了，當事人會變得更有自信，也會願意投入更多的心力思考問題的解決方式。即使計畫執行失敗了，當事人也可以從檢討過程中學習成功的訣竅。

在我的會談經驗中，很多人極少思考自己的心理困擾，我相信只要大家撥出三分之一的讀書時間或工作時間來思考，問題一定會有很大程度的改善。

心理師的快樂配方

問題解決技巧有固定的流程與步驟，它會促使你以一種縝密的方式來思考問題，也會迫使你用不同的角度、變通的方式來思考問題。

找一件你目前在煩惱的事情，用問題解決的步驟來想一想。你會發覺，解決事情的方式原來有這麼多，而思考問題的角度竟然也有那麼多。

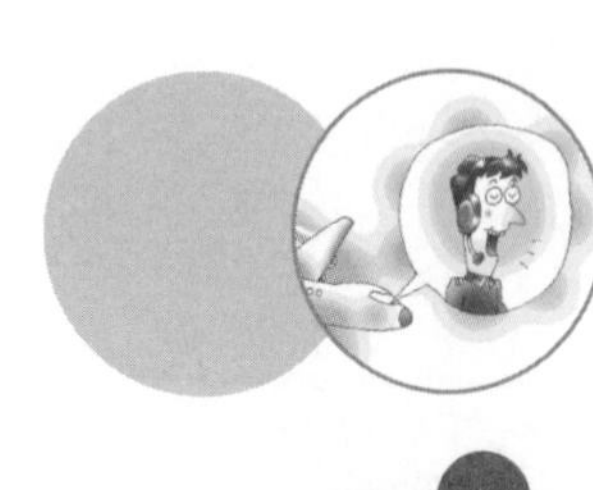

人生困境

擺脱困境3妙方

當遭遇到人生的困境時，該是勇敢的面對問題？還是避開這個困境？如果勇敢的面對問題卻遇到不少挫折，該要堅持多久？如果避開了這個困境，是不是一直要活在恐懼之中？

面對困境3步驟

解決問題

每個人面對困境的方法不盡相同，但是我發現，人們常常在理智上了解如何面對困境的方法，卻無法徹底實踐。或者，知道可行的解決方法，卻因爲個性固執而無法靈活運用。

當我們在生活中遇到困境時，第一個最直接的方法就是「解決問題」。舉例來說，小明家裡的經濟遭逢困難，他就全心思考解決經濟問題的方法，像是兼差、節省開銷或培養專業技能等。又譬如小華被班上同學排擠，他就全心思考自己的人際問題，找出原因盡力改善。這是第一個解決困境的方式。

從許多輔導個案的經驗得知，許多人都清楚自己煩惱的癥結，但是他們卻不試圖思考解決的方法，更不用說要努力嘗試錯誤了。他們不斷地想著「這個問題是不可能解決的」，然後便沉浸在憂鬱的情緒中。

人生有很多重要問題（不快樂、經濟問題、人際關係不好、未來沒有方向）需要花很多時間去思考、嘗試。你也許會說：「關於這個問題已經思考了很久，也與朋友討論過很多次，難道還不夠嗎？」我的建議是，如果你沒有在這個問題上仔細的思考過幾百個小時，那麼是沒有資格說你曾經思考過這個問題的。如果你沒有執行過幾十個以上的計畫，試圖去改善問題，那麼是沒有資格說你已經嘗試去解決這個問題了。

迴避這個環境

當你已經很認眞地面對問題，但是問題依然存在的時候，應該怎麼辦？這時候，就來談第二個面對困境的方式，那就是「迴避這個環境」。在臨床上，我常看到一些人是處在無解的困境中，譬如：

- 一個孩子期待有暴力傾向、酗酒問題的父親不要再傷害他。
- 一個員工期待毫無完善制度的公司提供合理的薪資與升遷管道。
- 一個性格正直的人希望一群會收取廠商回扣的同事不要排擠他。

在上述的情境中，環境是不可能改變的，避開這樣的環境才是最明智的做法。想要試圖改變不可能轉變的環境，只會不斷地產生挫折與絕望而已。

調整自己的心態去適應環境

當第一種方式跟第二種方式都不可行時，還有第三種面對困境的方式，那就是「調整自己的心態去適應環境」。舉例來說：

王先生在一個沒有完善福利制度的公司工作，同事們的工作效率很低，他工作很勞累薪水卻很少。他曾想盡辦法要去改變現狀，但根本無法改變。他也想過要離職換新公司，但是又找不到更適合的。於是，他現在能做的，就是告訴自己「反正公司要我做什麼我就做什麼，能力所及的我全部都做也沒關係。」「吃苦當作吃補。」「如果這樣的環境我都能夠待得住，以後就不怕任何環境的挑戰了。」「同事們雖然都不友善，但也對我無可奈何，反正我就認眞做事，保持和善的態度，他們要講我的是非，那我也沒辦法。」「我就在這裡努力的學習，一有機會就跳槽，我相信不會一直待在這裡的。」

這些想法可以讓一個人安心地處在困境中，直到轉換環境的機會出現。

所以，當你遭遇困難的時候，記得要用心地去思考解決的辦法、嘗試各種解決的方案。如果你做到了，但是問題依然沒有獲得解決，那麼就可以考慮避開這個環境。如果上述兩種方式都行不通，那麼就要試著調整心態去適應環境了。

有智慧的人可以迅速地判斷問題的關鍵點，擬出各種方法並不斷地嘗試解決問題。當問題無法解決的時候，他也能夠果斷的決定，快速跳開這樣的環境。若是問題無法解決，又無法避開困境的時候，也可以調整自己的心態，安於這樣的困境中。這樣的人大概很不容易憂鬱吧！

心理師的快樂配方

自我分析面對困境時會遇到的盲點：

- **你曾經花過上百個小時思考你所面對的問題嗎？你曾經擬定幾十個計畫試圖要解決問題嗎？**

如果沒有，你應該要清晰的寫下你的問題，用心去思考解決的方法。

- **你在很多地方都不適應？你跟很多人都處不好嗎？**

如果是這樣子，這應該不是環境的問題，你應該要改變的是你自己。建議你不要再任意更換環境，而是好好的檢視自己的性格。

- **當你對自己的處境感到很憂鬱的時候：**

記得不斷思考未來可以有什麼希望，然後投入全部的心力去計畫未來的夢想。

如果你發覺自己變得相當的悲觀，心裡面常常有很多負面的想法出現，很有可能你已經有憂鬱的症狀了。這時可能需要精神醫療的專業協助。

屬於你的
快樂配方

年

月

日

心情 ☺

第3篇

人際問題

生活中的親情、友情、愛情、職場等人際交流，
常會帶給我們許多困難及問題，
尤其人際關係愈親密，爭吵的次數就愈頻繁，
因此應該學著時時檢討彼此的溝通、互動與態度。

〔 就學困擾 〕
〔 職場困擾 〕
〔 情場困擾 〕
〔 家庭困擾 〕
〔 人際困擾 〕

有暴食問題的學生

面對問題，投入治療

爲什麼有的人吃完東西之後就會吐出來呢？
爲什麼她們身陷在節食、暴食的循環當中？
事實上，暴食、嘔吐的問題只是外在的表現而已，暴食症患者眞正的問題在於她的內心不爲人知的世界。

暴食症及其治療

一個案例

當我跟小珠開始會談時，感覺她是一位不太喜歡講話的人。問她問題，她的回答都很簡短。尤其問到有關於情緒的問題時（譬如妳最近爲什麼會很煩？），她往往會避重就輕的回答。

這位十八歲的專四女生從國三開始就有自我催吐的問題，當時她正在努力減肥。她每天吃減肥藥、節食，體重迅速地減少了十公斤。她非常高興。那時她大概一百五十五公分，五十公斤。

但是因爲她吃得很少，身體一直處在飢餓的狀態。當她的意志力比較薄弱的時候，她就會出現暴食行爲，這時她可以在一、兩個小時之內吃完一個大蛋糕，再加上好幾條巧克力。當她吃完以後，內心又充滿罪惡感，因此就會跑到洗手間催吐。

這種暴食催吐行爲漸漸地變成她生活中的一部分。她平均每個星期有兩、三次以上的暴食催吐的情況。但隨著生活壓力的不同，她的催吐次數也有所變化。最糟的時候，她曾經連續一週每天暴食催吐三次以上。

當她來就診的時候，她的飲食習慣已經相當不規律。她平常吃的東西很少，常常一天只喝飲料或吃些零食（滷味、泡麵等）。當她住校的時候，暴食催吐的行爲並不多。但是一回到家，她可能整天都在吃東西，然後多次的嘔吐。

目前，她吃任何東西都會想吐，甚至喝飲料也想吐。可能是因爲她催吐的次數太頻繁，導致食道鬆弛，現在她只要肚子稍微用力，就可以將東西吐出來了。

像她這種情況就是典型的暴食症。她一開始因爲過度節食而出現暴食行爲，隨著暴食行爲之後出現的，就是自我催吐的行爲。這樣的暴食症病程是很常見的。

暴食症的治療

暴食症（Bulimia nervosa）的患者往往都很缺乏自信，她們用身材來衡量自己的價值，認爲過重的她就是一個失敗、愚蠢、噁心的她，認爲纖瘦的她就是一個成功、聰明、有吸引力的她。她們把身材認定爲唯一的成敗標準，如果失敗了，那種痛苦比死還要強烈。

對於暴食症的治療，第一個階段的重點放在建立正常的飲食習慣，讓她知道過度的節食必然會帶來暴食問題。而只有當她能夠按時吃三餐，定時定量，暴食與催吐的行爲才能夠徹底消失。

第二個階段的重點則放在改變她偏差的想法與信念，改善她低落的自尊，讓她能夠接受自己的身材。暴食症的患者往往是中等體型的人，但是由於她們有完美主義傾向，她們會要求自己的身材要瘦到像模特兒一樣。治療的目標是，協助她們接受自己中等的體型，而不是幫助她們變得像模特兒一樣瘦。

在整個治療的過程中，小珠本身的配合與否是相當重要的。患者千萬不要認爲只要按時服藥並做心理治療，暴食嘔吐的行爲就會消失，而且依然可以繼續瘦下去。這是一個錯誤的信念。

暴食症是一種類似成癮的問題，要治療它就像戒除菸酒一樣困難。藥物可以協助控制暴食衝動，心理治療可以教導改變的技巧，但是整個改變的重心依然是落在患者的身上。患者必須學會從內心接納她自己、她的身體，而不是盲從流行的審美觀。她需要面對生活中的種種問題，逐一地去解決它，而不是把所有的不幸都歸咎到身材不夠好。她需要投入治療，下定決心改變自己，這樣的治療才有可能成功。

心理師的快樂配方

暴食症是一種類似成癮的問題，要治療它就像戒除菸酒一樣困難。如果你發覺自己的暴食問題愈來愈嚴重，建議你要尋求精神醫療的協助。暴食症是很容易慢性化的。

偷竊成習的高中生

嫌惡治療法

許多人都有過跟慾望對抗的經驗，
理性上不想那麼做，但是感性上卻有相反的衝動。
這些衝動控制的問題往往讓當事人很掙扎。
嫌惡治療法恰好可以提供一個良好的解決辦法，
它可以讓你自然的降低衝動，
不用一直在理性與感性之間爭戰。

嫌惡治療法vs.一個案例

嫌惡治療法

在精神醫療所關照的問題當中，成癮問題及衝動問題是屬於比較難處理的問題。這兩類患者常熱中於某些不良行爲，而嚴重的傷害到自己的生活。譬如酗酒、吸毒、偷窺、竊盜等。要改善這些問題相當不容易，主要原因是當事人控制不了自己，有很強的動力要去從事這些行爲，次要的原因是，這群人通常並沒有想要改善的動機。

如果用一種簡單的方式來分析，我們對一件事情的感覺主要可以分爲兩種：一種是事物帶給我們美好的感覺，讓我們想要接近它。另一種是事物帶給我們壞的感覺，讓我們想要遠離它。有成癮或衝動問題的人，他們的困難處在於他們接近某些不良事物的動力很強，遠離的衝動很弱，導致他們重複地喝酒、吸毒、偷窺、偷竊等。

嫌惡治療法主要就是針對這類問題。具體來說，假設某人對喝酒的感覺很好，有九十分的衝動想要接近酒，而想遠離酒的衝動不到十分。在這種情況下，嫌惡治療法的主要目的就是提高當事人對酒產生不好的感覺，讓當事人很想遠離酒。最理想的情況是，讓當事人對於喝酒的感覺變得很嫌惡，而美好的感覺被壓抑下來。那麼，這些問題行爲很快就會消失了。

舉例來說，有的人長期有酗酒的問題，因此，有治療者嘗試用某些會引發嘔吐的藥物讓他們服用。在患者服用這類藥物的期間，只要他一喝酒，就會引發嘔吐行爲。因此，喝酒不好的感覺（即嘔吐）就會漸漸加深，讓當事人愈來愈不想碰酒。這就是嫌惡治療法的運用。

在我的會談經驗中，如果是針對這類成癮、衝動的問題，我會特別運用嫌惡治療法來協助當事人。請看以下的實際案例：

一個案例

小智是一位有偷竊問題的高中生。他的家境不好，父母每個月給的零用錢並不多，這位男生卻又相當喜歡流行的事物，譬如CD、包包、飾品之類的東西。

他曾經多次偷竊成功，因此，他的偷竊行爲變成一種衝動行爲。只要他進入的店是沒有加裝電磁門及攝影機的，他就會產生很強的衝動想偷東西。

終於，他在某一次的偷竊過程中被抓到，店家報了警。他的父母也到場處理。後來這位男生被帶到醫院接受心理治療。

在我治療的過程中，使用的主要技巧就是嫌惡治療法。我詳細詢問他偷竊的過程及內心的感受，並且詢問他最擔心的後果是什麼。清楚這些細節之後，就開始引導他閉起眼睛去想像一個偷竊的情節。情節的前半部，讓他沉浸在偷東西的興奮及刺激感受中；情節的後半部，讓他想像他被抓到之後的悲慘後果。這麼做的目的主要就是讓他對偷竊產生一種厭惡的感覺，而漸漸地遠離這樣的行為。

我特別要提醒的是，當你在引導想像時，引導的速度要緩慢、平穩。而當你要擬定情節的時候，在合理的範圍內，你可以讓情節盡量嚴重或極端，以引起當事人嫌惡的感覺。以下就是引導他想像的情節：

現在請你調整出一個舒服的姿勢，讓自己放鬆下來。好！現在我要請你想像一個情景，這個情景在未來是很有可能發生的。我現在要讓你透過想像去看見你未來的生活。

現在請你慢慢的做兩次深呼吸。好，開始（盡量的慢、盡量的深）。讓你全身都放鬆下來，非常的放鬆。現在我要請你想像一下，你正走進一間唱片行，這家唱片行正好沒有加裝攝影機及電磁門。

你看著各式各樣的CD，心情非常的緊張、興奮。你感覺非常強烈，四處的逛著。你可以清楚的看到各式各樣的CD，店裡面的人並不多。

你走到一個角落，你感覺更興奮了，這邊有片CD剛好是你最想擁有的，你眞的非常想要這片CD。你四處的張望著，心裡覺得很刺激、緊張，你感到愈來愈興奮了，終於，你偷了那片CD。現在的你完全沉浸在這種刺激、滿足的感覺中，你感覺很快樂，你終於拿到你想要的CD了。

突然間，店員衝過來抓住你的手，你知道你的偷竊行爲被發現了。你的心情變得很緊張、很擔心。店員把你帶到辦公室，他很不屑的看著你，並講話羞辱你、威脅你。

沒多久，警察來了。他問話的態度似乎是把你當成一個無賴，你覺得自己是一個最讓人瞧不起、讓人鄙視的小偷。

又過了沒多久，你的父母也來了。他們看到你，臉上的神情顯得非常失望、傷心。你看著他們的眼睛，心裡感覺很難過。他們想起你小時候的樣子。他們在想，爲什麼他們心愛的小孩今天會變成這樣子？警察也很不客氣的指責你的父母，你的父母感到很羞愧，默默不語。你感覺很自責，有很深的愧疚感。

當你再回到學校上課時，同學們開始傳言你是一個小偷。本來跟你交情不錯的朋友開始疏遠你了。你在班上變成孤單一個人。你感覺很孤獨，你對未來感到很害怕，你擔心自己會不會一再地偷竊，而留下前科。你很擔心將來沒有公司敢錄用你。因爲你常常進出警察局，坐牢的日子愈來愈多。你變成孤單一個人，沒有親近的人，並被社會放棄。父母對你已經絕望了，看到你就只有心痛的感覺。

當你漸漸變老的時候，你依然是孤單一個人。找不到工作，也沒有親近的人。周遭的人都提防你。你孤獨的活著，無依無靠。直到有一天，你孤獨的病死在床上，周遭一個人也沒有。

這樣的引導相當有效的降低這位高中生偷竊的衝動，他經過了八次的治療之後，就很順利的結案了。

許多人面對自己成癮或衝動的問題，往往都用壓抑的方式來處理。其實這是一種很糟糕的方法，因爲我們愈是壓抑衝動，衝動就會一波一波更強烈的湧向我們。一個人不可能一直跟自己的慾望對抗。因此，我們要去除這些不良的慾望，最好的方式就是把它的吸引力降低，甚至讓它變成一種嫌惡的感覺。嫌惡治療法會幫助你自然而然地去除某些衝動，這樣一來就不用再那麼辛苦的跟慾望對抗了。

心理師的快樂配方

嫌惡治療法對於成癮問題以及衝動控制問題是相當適用的。但是要有效的運用嫌惡治療法，需要有相當專業的知識與經驗，要靠自己的力量來學習是相當不容易的。

如果你有相關問題，建議你尋求精神醫療的協助。

要求完美的年輕人 改善完美主義

一個高IQ低EQ的年輕人會如何與人群互動？他的個性如何被塑造，又如何穩固不變？心理治療將如何協助這樣的一個個案呢？

走出孤獨的世界

有一位二十歲的年輕人因爲重度憂鬱前來做心理治療，他目前正休學中。他的問題有點特別，因爲他不能「考進前三名」，因此出現嚴重的憂鬱情緒。他變得不太敢去學校，對於老師交代的作業沒有信心做好，因此遲遲不敢寫。他常常感到胸悶、嘆氣，自覺什麼事情都做不好。他覺得生活很痛苦，未來沒有希望，甚至產生結束生命的想法。

當我更深入與他對談幾次之後，他的問題癥結更清晰了。他是一個完美主義者，從小就自我要求要把事情做到最好。寫作業時，如果有一行字寫不好，就會把整頁都撕掉重寫。如果做錯一件小事，就會非常自責，難過好幾天。這種性格的養成與媽媽的教育方式有關。

他媽媽是一個吹毛求疵的人，凡事只看到做得不好的部分。她會因爲一個小問題（譬如數學考試寫錯一小題）而一直責罵他不夠努力、不夠用心，但都不會想到孩子考了九十六分，已經贏過全班大部分的人了。

這位媽媽的性格及教育方式深深影響著這位年輕人，讓他也以高標準來衡量自己跟他人。當他看到同學聚在走廊嬉鬧時，心裡就會產生不屑的感覺，表情就是嫌惡的。可以想見，以這種高標準的態度會看不慣多少同學的行爲，引發多少敵意。因此，他從國中開始，人際關係就很差，有時連脾氣好的同學也都討厭他，因爲他常常板著臉、充滿敵意，別人根本不清楚他爲何生氣。

而他適應人際問題的方法，就是把書唸好。他覺得當他的成績名列前茅時，就可以不必在乎這群人，因爲「我比他們強，我根本不屑他們」。

但是，當他唸大三的時候，他的成績竟然意外的掉到第四名，這對他來說無異是一個重大的打擊。他的信心崩潰了。當他去學校的時候，感覺平時所漠視的那群人，好像都在嘲笑他。

他內心感受到的壓力愈來愈大，對任何事都失去了信心。他害怕寫報告，因為擔心寫得不夠好；他不肯接同學的電話，因為擔心別人是來「同情他」的；他對於媽媽的嘮叨變得非常易怒。他的情緒愈來愈糟，愈來愈多悲觀的想法盤據在他的內心。他眞的沒有勇氣再去學校了，因此他選擇了休學。

當他開始接受心理治療時，已經服用抗憂鬱藥物好幾個月了。他的情緒雖然比較穩定，但「完美主義性格」、「人際關係差」的問題依然沒有獲得改善。

他對人際關係的看法是比較極端且沒有彈性的，而我的主要工作就是試著改變他的想法。在治療前，他對於他人及自己的看法摘要如下：

- 至少要名列全班的前三名，不然我就是一個廢人。
- 我必須做出很有水準的報告，一定要比其他人都好才行。
- 只要達不到標準，我就是失敗了。
- 沒有一個科目是考到第一名，我一點價值都沒有，我好像很無能。
- 當我考不好的時候，大家都在等著看我的笑話。
- 我很討人厭，都沒人理我。同學都不喜歡我，我也不喜歡他們，他們都是敗類。

然而，經過治療之後，他的想法漸漸有一些修正：

- 面對考試盡力而爲就好。只要我能與別人處得融洽，沒有考進前三名也沒關係。
- 大家不喜歡我不是因爲我成績不好，而是我平時表現得太高傲了。
- 我只是一個大三學生，怎麼可能將每一份報告都做得很好呢？
- 我的成績曾經有很大幅度的進步，所以我並不是一個無法面對挫折的人。
- 我沒有失敗，我只是沒做到老師所要求的，我應該坦然接受事實。
- 並非所有同學都不喜歡我，但被同學討厭的感覺往往勝過被喜歡的感覺。

這個年輕人憂鬱的心情復原得很快，他不再以刻板的眼光看待別人，也懂得適時調整自己的個性，而且對於自己成績的好壞也不會看得那麼重了。治療結束的前一週，他去報名投考研究所的補習班，並談到自己的生涯規畫，他對未來充滿信心。我引導他回顧整個心理治療的療程，回顧過去的改變，提醒未來可能出現的危機。這個個案的憂鬱情緒可以說是完全復原了。半年後，追蹤他的情緒變化，發現到他的憂鬱症沒有再發作了。

心理師的快樂配方

你有完美主義嗎？	是	否
請你依照自己平時的狀況，填答下列4個問題：		
1. 我對自己的要求比一般人要高很多。	1分	0分
2. 在不少事情上，我要求自己一定要做到完美。	1分	0分
3. 我常常對自己的表現不滿意。	1分	0分
4. 每當我犯了一些小過錯的時候，雖然別人都覺得沒什麼，但是我卻會難過很久。	1分	0分

測驗結果分析

〔總分2～4分〕：你的完美主義比一般人高。

〔總分0～1分〕：你並不會有明顯的完美主義。

要改善完美主義，你需要清晰的記錄內心許多不理性的想法，然後一一檢視。你可以參照上述案例來思考自己的問題。這個過程可能會耗掉不少時間，但是對於改善完美主義的性格卻是必須的。

職場新人
心持謙虛，禮貌態度

新人與前輩的衝突由來已久，幾乎在各種職場都會發生。
新人覺得前輩不尊重他們、欺負他們，
前輩覺得新人沒大沒小、學習態度很差。
這到底是怎麼回事呢？到底是新人錯，還是前輩不是？
他們之間的溝通出了什麼問題？

職場新舊人之爭

職場舊人

若你在一家公司已經工作好幾年了，不但對工作內容相當熟悉，而且人際關係也不錯，你與公司會有一種生命共同體的感覺。

有一天，公司來了一位新同事。新同事與你從事同樣性質的工作，但是他剛從研究所畢業，工作經驗明顯不足。漸漸地，你發現他認爲「你和他的地位是平等的」，因爲有時你給他一些工作上的建議，他卻依然堅持自己的想法，甚至有時還會表現出不太高興的表情。他跟你講話的態度也是不分輩分，打招呼的樣子也顯得漫不經心。

請問你會怎麼看待這個人呢？如果他的能力比你差，你會不會有一種厭惡的感覺？如果他的能力比你強，你會不會有一種被威脅、侮辱的感覺？總而言之，這個人很討厭，對不對？

再問你一個問題，如果他有困難需要幫忙，你會幫他嗎？我猜你不會，因爲你會想：「既然你認爲我們是平等的，那你的能力應該跟我一樣可以獨當一面。爲什麼要問我呢？」或者是想：「讓你學個教訓！人要謙虛一點。」

爲什麼一個職場新人試圖要表現平等，卻會引來前輩強烈的情緒反應呢？其主要的原因是：

就原有的團體來說，新人畢竟是個外來者，前輩們並不知道你是朋友還是敵人，所以會感受到一種莫名的威脅感。如果新人又不懂得謙虛，這種威脅感就更強了。如果他的能力強，前輩們會討厭他，因爲他可能會威脅到前輩的地位。如果他的能力普通，前輩們會更討厭他，因爲這個人沒有實力又自大，是相當令人討厭的。

所以，許多職場新人在工作環境中被前輩排斥，最常見的原因就是不夠謙虛，太愛表現自己。

職場新人

新人爲什麼這麼愛表現自己呢？我想是一種怕被欺負的感覺。他們可能會有一種莫名的想法：「如果你不夠強悍，人家就會欺負你」。所以，當他們一進入新的工作環境，就會表現出強勢的一面，因爲他們不希望承攬一些麻煩的工作。

從客觀角度來看，新人跟前輩都沒有錯。新人想要保護自己的權益，不希望被前輩壓榨；前輩則認爲新人就是晚輩，多做事、多磨練是應該的，尊重前輩、保持謙虛也是應該的。

我的看法則是，新人的確不應該對前輩太過要求平等。這麼說不是因爲我認爲新人沒有權利要求平等，而是基於人情世故的考量。

新人當然有權利要求平等，尤其當你跟前輩只是同事，而不是上司對下屬的關係時。但是你要求平等是需要付出代價的。你要付出的代價是，你千萬不能出錯，因爲你出錯的時候，前輩他有權利不幫你。你也千萬不能請人幫忙，因爲你要求前輩幫忙的時候，前輩有權利拒絕。所以，當你在要求平等與自我權利的時候，你也要很清楚，前輩們也有他們的權利。

所以，我一直認為，新人做的事情比前輩多，這是應該的。因為你不熟悉這個環境，你的經驗不足，你的人際關係還沒有建立，因此你出錯的機率可能會很高，而且需要別人幫忙。而你工作勤奮、態度謙虛就是換取前輩幫忙的代價。難道你想要同時要求平等，又要求別人協助嗎？這是不太可能的。

心理師的快樂配方

給新人的話：

新人當然有權利要求平等，但是要求平等是需要付出代價的。當你在要求平等與自我權利的時候，你也要很清楚，前輩們也有他們的權利。他們的權利就是可以選擇不要幫你。

新人如果可以用這樣的角度來思考，就會知道，多做事、態度謙虛是很應該的，這是換取前輩幫助的代價。

工作不順
不求表現，少說多做

什麼樣的工作態度可以在各種惡劣的環境中生存呢？現代的年輕人為什麼進到新的工作環境總是被修理？你可知道，很多人離職的原因主要並不是工作問題，而是「人際問題」。

適應工作從心學

請想像一下，若你是一個很刁鑽的餐廳老闆，有一位新員工小丙剛來報到，他講話總是面帶微笑而且態度很客氣，你講什麼他都點頭稱是。你派他做很多瑣碎的工作，他也都任勞任怨。他對同事很友善，別人把工作推給他，他也沒有怨言。他的個性很內斂，不喜歡表現自己，當表現傑出的時候，他都會很謙遜的把功勞讓給別人。

對於這樣一位員工，誰會討厭他呢？

但是在社會上，我們常看到的新人表現是如何呢？他們往往很自大，所談論的見解既膚淺又不切實際。他們要求公平，一旦被委派的工作太多太雜就不高興。只要多承擔一點工作，就不停地抱怨。而且，你不主動跟他們打招呼，他們也不太會理你。

對於這樣的一個新人，你不會討厭他嗎？

現代的年輕人愛表現自己、不願多做事、脾氣衝，這三項職場大忌他們全都擁有，但是卻沾沾自喜，覺得自己很有個性、有尊嚴。這就難怪很多年輕人剛進入職場時往往被磨練得很厲害。

雖然批評現代年輕人的工作態度不好，但我也不認爲職場裡的前輩全都是好人，不見得都是基於善意要磨練你。相反地，相信有不少的前輩對於新人的態度的確不好。但即使眞的如此，你要怎麼面對呢？表現出更強勢的態度讓他們難堪？要求公平、抗爭、擺臉色嗎？這些方式只會讓你的人際關係更加惡化，讓其他原本對你沒有成見的前輩也討厭你。

我建議你可以採用小丙的工作哲學，就是不求表現、少說多做、待人和善，這是最能融入新環境的方法。如果有一些心存惡意的前輩故意將工作推給你，而你卻毫無怨言的接受，又會產生什麼樣的結果呢？無論如何，不當的壓榨都會有一個極限，總會有人看到你的努力，看到對方的不合理要求，最後就會和你站在同一陣線替你講話。所以，試著以這種哲學面對工作，可以讓自己被團體排擠的可能性降到最低。

如果你已經做到了不求表現、少說多做、待人和善，但是整個工作環境的同事還是對你不友善、不公平，那麼你就該考慮換跑道了。

心理師的快樂配方

給踏入職場新鮮人的一句話：

不求表現、少說多做、待人和善。先做到這一點再說吧！

親密關係不斷爭吵

保持溝通，同理對方

人際關係愈親密，爭吵的次數就會愈頻繁，
爲什麼會這樣呢？
這麼頻繁的爭吵是不是意味著，
應該要好好檢視一下你們溝通的模式呢？

從小故事看大道理

在親密的關係裡，爲什麼還是會爭吵呢？請看下面的例子：

小方正準備參加一個很重要的考試，他要求女友請假來陪考，女友同意了。但是她因爲陪考犧牲了大部分的休假，她覺得好像都沒有休息的感覺。更糟糕的是，她覺得陪考是一件非常乏味的事情。

考試的第一天中午，他們在休息時間一起去吃午餐，女友顯得相當不高興，因爲她看到男友的臉色很臭，她心想：「我犧牲三天的休假來這裡陪考，還擺這種臭臉給我看，我招誰惹誰啊？」而男友的臉色很臭，本來是因爲有一科考得不好，但是當他看到女友不高興的表情時，他的心情就更糟了，他覺得：「連妳也看不起我？我考了這麼多年都考不上，難怪所有的人都看不起我。」

當女友看到男友更難看的臉色時，她終於忍不住的說：「我不想吃了！」男友也發飆了，很生氣的說：「妳回去好了，我自己應考就好。」於是女友便氣得轉身就走了。

這就是親密關係中會出現的爭吵。

我們可以從這樣的例子中，看到兩個重要的問題：

- **這兩個人缺乏溝通**——他們的內心都有很多感覺與想法，但他們都沒有說出來。
- **這兩個人不太會同理對方的心情**——他們都從自我的觀點來看事情，比較不會揣測別人的感受。

所以，要處理這樣的爭執，從這兩個問題來著手改善比較好。譬如，女友看到男友臉色很臭，不要一味的沉浸在：「我辛苦來陪考，你還擺臉色？」的情緒中，她應該同理男友的感受，體貼的問：「你怎麼了？是不是心情不好？剛剛考得不順利嗎？」如果女友這麼說，就不會造成衝突。

當男友看到女友臉色也不太好時，如果他不沉浸在自己自卑的感受中，想著：「她一定是看不起我，我考這麼多年都考不上。」那麼他應該可以很快的猜測到女友是因爲他的臉色很臭而生氣。他也會跟女友溝通：「對不起！我心情不好。剛剛那科考得很糟！」如果他這麼說，衝突就不會發生了。

這兩個人一開始就不溝通，而且彼此都沉浸在自己的感受中，不會同理對方，最後導致不歡而散。像這樣的衝突，在各種親密的關係中時常出現。但事實上，要解決這樣的問題並不困難，多溝通、多同理他人的感受，許多不必要的衝突就都可以避免了。

心理師的快樂配方

如果你常常跟親近的人產生爭吵，建議你多耐著性子去問看看對方到底在想什麼，你也應該要求對方聽完你在想什麼。清晰的談論彼此的感覺與想法，是邁向溝通的第一步！

同樣問題的爭吵

有效溝通的吵架藝術

在親密的人際關係裡，有的人不斷在爭吵。
同樣的問題吵過無數多次，雙方還是難以達成共識。
爲什麼這麼多次的溝通都沒有解決問題？
到底是問題難以解決？還是爭吵的方式不對？

吵架的方法與禁忌

對許多人來說，吵架時的內容都是毫無建設性的，除了彼此大聲吼叫，還會將毫無關聯的舊話題提出來，或者脫口而出一些帶有刺激性及傷害性的話語。所造成的結果，往往是埋下了下一次爭執的導火線。這種爭吵對於解決問題一點幫助也沒有。

吵架的方法

要提升吵架的內容與正面效果，須注意下列兩件事情：

要澄清對方的誤會，也要清楚表達自己的想法

譬如爭吵時，對方說：「我覺得你眞的很自私。」

這時，你千萬別急著回答：「那你呢？你又好到哪裡去？」

你應該靜下心問對方：「爲什麼你這麼說？我有什麼行爲讓你感覺如此？」

這就是在澄清對方的想法。如果對方提出的證據不甚合理，你也要針對不合理處加以說明。清晰的表達彼此的想法，這樣的爭吵才有可能產生焦點，不然很容易流於情緒宣洩，無法討論出結果。

要釐清彼此的需求

記住要問對方：「你要我怎麼做才會感到滿意？」

或者清楚的告訴對方自己的需求（即他要怎麼做你才會滿意？）

許多人吵完架之後，雙方根本不清楚彼此的期待。在這種情況之下，釐清彼此的需求是很重要的。

譬如，當對方說：「你每次都不在意我的感受。」

你可以問說：「我要怎麼做，你才會覺得我在意？」

如果他說：「我希望你能夠常常陪我。」

那麼你可以接著問：「你覺得一星期要陪幾天，你才會覺得滿意？」

千萬不要覺得釐清這些問題很愚蠢，許多人就是膠著在這樣的盲點上。

試想，如果對方說：「我希望你有時間就陪我。」

而你回答：「我不可能每天都陪著你。如果一個星期撥三天陪你，你可以接受嗎？」

你看，這不就是溝通的開始嗎？當你如此回答時，對方可能就了解到自己的要求不合理，而願意妥協。這種溝通模式比互相爭吵來得有意義吧！

吵架的禁忌

吵架的時候也要盡量避免下列事項：

避談不太可能改變的事情

譬如嫌棄對方的身高不夠高、身材不好或者賺得錢不夠多等。

如果你是被數落的一方，我建議你可以冷靜的回應：「我知道我的確是這樣子，但這就是我。談論這個問題，對於我們之間的相處並不會有所幫助，所以，我們是否來談談我可以改變的部分？」

如果你是數落對方的人，那麼必須想清楚一件事——對方就是這樣子了，你能夠接受的話就在一起，不能接受的話就考慮離開他。

勉強對方做一些不可能改變的事情，只不過是增加彼此的挫折感而已。如果對方的問題是需要藉由精神方面的治療（譬如個性衝動、酗酒、悲觀、逃避人群等），那麼你應該協助他尋求專業的建議。

不要翻舊帳，要針對未來的相處問題

在爭吵的過程中，不要一直翻舊帳，這只不過是徒增雙方的壞情緒而已，根本無法解決問題。我建議遇到這樣的情況時，可以說：「過去的事情我們不要再談了！現在我們討論一下，以後如果遇到類似今天的問題，應該怎麼辦？」

你可以講出你的處理方式，看對方是否能夠接受，或者問對方希望你怎麼改變。你也可以問對方會如何處理問題，看你是否可以接受或說出你的期待。時常說：「我們以後如果遇到類似的事情要怎麼辦？」這句話，可以協助你們將爭論的重點從情緒的發洩轉移到問題的解決上。

不要打斷對方談話

你如果頻頻打斷對方談話，很容易激起對方的怒氣，要做有效的溝通就很困難了。建議應該冷靜的聽完對方所講的話，然後針對談話的內容做澄清。如果對方的談話內容毫無系統，你可以要求他一次談一個核心問題就好了。

然後當對方陳述完之後，你可以重述他的想法，然後問問他，你的理解是否正確。通常，對方的憤怒情緒會因爲你準確理解他的感受而平靜下來。所以，讓對方有機會暢談自己的想法，是很重要的。

但是，當你在講話時，對方如果一直打斷你的談話呢？

此時，你可以直接跟他說：「你一直在打斷我的談話，這樣我無法講我的想法。」

當你已經再三提醒，對方依然如故的話，那麼你就可以說：「我覺得你一直打斷我說話，這樣我們根本無法溝通。如果你想繼續溝通，就請讓我講完。如果你無法做到這一點，那麼我們明天再談。」

堅持你的立場，直到對方能夠尊重你的談話，你再繼續與對方溝通。

不要在情緒激動的時候爭吵

當兩個人情緒激動的時候，難免會提高說話音量，並且容易脫口而出傷人的話。這時已談不上溝通，只是在發洩情緒而已。

所以，應該盡量避免在情緒激動的時候爭吵，等到雙方心平氣和的時候再來溝通。

在下列幾種情況下，最好避免吵架：

- 開車時。
- 凌晨十二點以後。
- 喝酒之後。
- 身體不舒服或疲憊時。

在上述幾種情況下，你的生理容易處在激動的狀態，就像易燃的汽油一樣，一旦吵架，很容易淪爲無意義的吼叫，這樣對爭吵雙方的關係只有壞處，沒有好處。

如果對方執意找你吵架，你可以告訴他：「你現在的情緒太激動了，我們的談話不會有結果。我明天一定會找時間跟你溝通。」一定要堅持這一點。

在人與人的親密關係中，爭吵是無法避免的。有建設性的爭吵可以取得對方諒解，兩個人的感情會因此更加緊密。因此，只要掌握正確的吵架要領，對彼此的關係是有很多好處的。

心理師的快樂配方

吵架的方法：

- 要澄清對方的誤會，也要清楚的表達自己的想法。
- 要釐清彼此的需求。

吵架的禁忌：

- 避談不太可能改變的事情。
- 不要翻舊帳，要針對未來的相處問題來討論。
- 不要打斷對方談話。
- 不要在情緒激動的時候爭吵。

被操控的人生

明確拒絕，態度堅定

當周遭的親人一直逼你做一些你不想做的事情，你該怎麼辦？
你該如何拒絕他們不合理的要求？
又該如何拒絕這種充滿暴力的愛？

操控行為

什麼叫做「操控行為」呢？操控行為就是用威脅的方式提出一些不合理的要求。在我會談的個案中，有的是男方威脅女方不能分手，不然要對其家人不利；有的是父母以死來威脅女兒要嫁給某個對象；有的是先生威脅要破壞太太的工作以要求生活費。

上述方式都是一種威脅的方式，然而要怎麼判斷是否合理呢？雖然合不合理涉及主觀，但客觀上來說，還是有一個共同的標準在。譬如，要求對方不能跟你分手是不合理的，因為每個人都有選擇交往對象的權利；要求女兒嫁給某個人也是不合理的，因為每個人都有選擇結婚對象的自由；要求太太賺的錢要交出來，也是不合理的，因爲那是她賺的錢，她有權利不給你。

處理操控行爲

如果你覺得身旁的親友會用威脅的方式對待你，你該怎麼辦呢？當遇到個案問我這類問題時，我常常會試著釐清一些問題：「你覺得他這麼要求，是爲你好呢？或者因爲他很自私？」如果是爲了你好，那麼你們的目標是一致的，因爲你希望自己好，你的親友也希望你好。你們出現歧異的地方是，你覺得A方案對你比較好，他覺得B方案對你比較好。那該聽誰的呢？如果你很確定自己的答案，那麼你應該聽自己的。因爲畢竟你比較了解自己，你才清楚自己要的是什麼。

而且，這是你的人生，你當然有權利做選擇。

如果，對方要求你是因爲自私，那麼你就不用在意了。

但是，不管對方是基於善意或者自私而來要求你，他們往往都會用各種方法來脅迫你，你需要學習一些技巧來因應。請見下列兩點建議：

明確告訴對方，哪些是你可以同意，哪些是不可能改變的。不用爭辯對錯，因為對方沒有權利要求你怎麼做

如果對方是善意的，你可以跟對方說：「我知道你是爲了我好，你希望我走一條比較平順的路。但是我已經長大了，我很希望能夠替自己的人生做決定，不管成功或失敗，那也是我的決定，這就是我的人生。」

如果對方是自私的，你可以跟對方說：「你沒有理由要求我該怎麼做，因爲在這件事情上，我有權利做決定。我知道你會失望，但是我很清楚自己該怎麼做，也希望你不要再強求。」

同理對方的心情，說明自己的難處。態度要堅定、冷靜。

如果對方的態度很強硬，會傷害到你，那麼你應該尋求各種保護的措施。如果對方是用苦肉計，用死來威脅你讓步，你可以同理對方的心情，用堅定、冷靜的語氣說明自己的難處。譬如：一位被母親逼婚的女兒可以這麼說：「媽媽，我知道你很希望我早點

結婚，我知道你是爲了我好。但是我眞的不喜歡那個男生，我跟他結婚是不會幸福的。」

如果媽媽又開始說：「感情是需要培養的」、「你沒有試看看怎麼知道」這類的話。

你可以重複上述那段話：「你沒有理由要求我該怎麼做，因爲在這件事情上，我有權利做決定。我知道你會失望，但是我很清楚自己該怎麼做，也希望你不要再強求。」

當你在堅持自己立場的時候，也可以同時表達自己柔性的一面。你可以送些小禮物給對方、爲對方做一些事情，表達出你的關心。當你這麼做的時候，對方會同時感受「一方面，你有你的堅持；另一方面，你是關心他的」。

許多父母會以操控的方式影響孩子，往往是因爲父母很缺乏安全感，他們害怕孩子會離開他，不再聽他們的話。因此，你要同時表達堅持與關心，讓父母感覺你雖然有自己的堅持，但是你依然與他們很親近。

如果對方很嘮叨呢？我建議你可以這麼說：「媽媽，我在結婚這件事情上的想法很確定，我不會因爲你的期望而結婚，這是我很堅持的一點。如果你還要繼續跟我談這件事，我就要切斷電話了。」

如果對方還是不放棄，你可以再提醒對方幾次，如果對方依然繼續講，你就眞的切斷電話。經過幾次之後，對方就會了解你的堅持。如果雙方是面對面談論的話，若對方執意要談，你勸過幾次後還是沒有效果，就靜靜地走開。相信幾次過後，對方就會感受到你的決心。

操控型親友往往喜歡掌控他人的生活，武斷地爲別人決定一切，並且認爲自己的決定是最正確的，許多人因此被迫選擇另外一條路。針對這樣的情況，我建議你應該要堅持自己的選擇。因爲人生本來就很難論定是非成敗，如果你判斷眼前的選擇是最好的，那就是它了，即使經歷比較辛苦，但這畢竟是你決定的人生。

心理師的快樂配方

操控行為通常是不容易處理的，因為一方已經相當習慣用某些方式來強迫你，他已經習慣用這樣的方式跟你互動。你需要在心裡面做好心理建設，練習各種應對的技巧，如此，你才能勇敢的拒絕對方的操控。

記住兩個要點：

- 明確告訴對方，哪些是你可以同意，哪些是不可能改變的。不用爭辯對錯，因為對方沒有權利要求你怎麼做。
- 同理對方的心情，説明自己的難處。態度要堅定、冷靜。

缺乏自信
自我肯定2大訓練

自我肯定的人可以表達自己內心的想法，也敢於捍衛自己合理的權益。

他們有自信，但是不會給別人壓迫感。

他們善待了自己，也幫助了周遭的人。

自我肯定

自我肯定訓練

「自我肯定」訓練特別適用於缺乏自信、自我壓抑、人際退縮的人。

這樣的人可能在別人借錢不還時不好意思提醒對方；被別人言語傷害時也不敢表達；別人提出的要求不合理也不好意思拒絕；即使感動朋友給予的友情支持，也不敢說出內心的感受。

從會談的經驗上我注意到，缺乏「自我肯定」的人在成長過程中往往是被壓抑的一群。他們可能有一個高要求的父親，或者一個貶抑他們自信的母親，他們或者在兄弟姊妹之中表現比較遜色，或從小就缺乏關愛。

不管如何，缺乏自我肯定讓他們壓抑自己所有不好的感覺，也讓他們不敢表達好的感覺。他們總是過度的客氣，給人一種淡淡的距離感。

不能夠「自我肯定」的人，往往難以跟別人建立親密的關係，因爲眞正的親密關係裡，兩個人都有自己獨特的個性，雖然有衝突，但彼此總是可以互相包容與欣賞，分享生活的經驗。

而不能肯定自我的人，就好像是一個沒有自我的人一樣，他們怯於表達自己的想法、感覺，因此就像戴著面具跟人相處，這樣的相處模式連當好朋友都有困難，如何建立親密的關係呢？

訓練的兩個重點

要學習「自我肯定」，有下列兩個重點：

想法上的改變

缺乏「自我肯定」的人往往認爲自己是不重要的，所以根本沒有資格要求別人。他們時時以他人爲優先，顯得謙虛、卑微，很怕讓別人失望。他們要求自己千萬不能夠生氣。他們認爲照顧自己的需求是一種自私的行爲。如果達不到自己所定的標準時，就會有很深的罪惡感，彷彿犯了滔天大罪。

這些林林總總的想法總結來說，只有一個重點，即缺乏「自我肯定」的人認爲——「犧牲自己，成全別人」才是正確的人際模式。

這種觀念是錯的，需要改變。「犧牲自己，成全別人」是一種雙方都受害的人際模式，「照顧自己，兼顧別人」才是一種雙方都獲利的人際模式。請看下面的例子：

淑娟是一個很順從先生的人，她總是盡力滿足他的要求。她與先生都有一份穩定的工作，但是因爲先生會喝酒、賭博，家裡的經濟狀況一直不好。後來先生因爲工作不認眞被開除，但他竟然還利用淑娟的職務之便挪用公款，讓淑娟也失去了工作。

他們變得更貧窮，積欠一堆債務。淑娟找不到新的工作，先生只好靠開計程車維生。他們和兩個小孩就生活在貧窮的環境中，有時連吃飯都要向親人借貸。

在我與淑娟會談的過程中，常常在想，如果淑娟是一個「自我肯定」的人，情況應該不會演變成這樣子。如果淑娟堅持自己管錢，她會存不了錢嗎？如果她堅持不讓先生繼續喝酒、賭博，她會落到這種下場嗎？如果她限制先生的行爲，先生會毫無節制的毀掉自己的家庭嗎？

所以，這種「犧牲自己，成全別人」的模式有什麼好處呢？只是讓雙方都受害而已。像淑娟的情況，最好的辦法是她先照顧好自己，然後堅決要求對方改變，如果對方配合改變，那麼他們就可以繼續生活下去。如果不行，淑娟應該明智的拒絕過這樣的生活，照顧好自己跟兩個小孩。

如果對方是一個很自私的人，他只一味地要你付出，根本不關心你，那麼你就更沒有理由去滿足他的期待了。很多人會一直順從別人的要求，讓身旁的人予取予求，主因是來自於恐懼感跟罪惡感。如果你有這種情況，必須好好想一想，爲了那些莫名的罪惡感與恐懼感，你要犧牲自己合理的權益嗎？

你需要做想法上的大革新，即你的需求跟別人的需求同等重要，你先照顧自己的需求，然後再兼顧別人的需求，這才是雙贏的局面。

行為上的訓練

在練習「自我肯定」的過程中，掌握三點原則是很重要的：

委婉但堅定的態度

我們若以上述的淑娟爲例，當先生要求淑娟把自己的積蓄拿出來給他的時候，淑娟應該堅定的拒絕，但是態度可以很和緩：「這些錢是我存下來給孩子註冊用的，不能夠挪用。」如果對方還有理智的話，應該不會再要求。

同理對方的心情，但清晰表達自己的想法

如果淑娟的先生依然試圖要說服她，說很快就會還錢或急著要用錢時，淑娟可以說：「我知道你急著要用錢，也相信錢可以很快賺回來。但是這筆錢是要給孩子用的，對我來說，這筆錢就等於是孩子的錢，我絕對不會挪用它。」

節節升高

通常會對你予取予求的人已經習慣這麼做了，所以當你下定決心要保護自己合理的權益時，他們還是可能會逼你順從。這時候，我建議你節節升高「自我肯定」的行爲來因應。

譬如，如果淑娟的先生對她大吼大叫，逼她把錢拿出來，淑娟可以堅定的說：「這筆錢是我存下來的，我是不會交給你的。」如果對方開始要動手打人，淑娟可以說：「如果你動手打我，我是不會隱忍的，我們一定會離婚。」如果對方眞的動手打人，淑娟就去醫院驗傷，保留訴請離婚的證據。

淑娟堅定冷靜的捍衛自己合理的權益，不讓先生把大家都拖下水，這才是一個明智的做法。

關於節節升高這一點，再深入地談一談。當你身旁的人常常自私的對你予取予求時，你要有一個心理準備，避開這個人可能是最後可行的辦法。在我會談過的個案中，有些人所面對的親友是不可能改變的，因爲他們自私、貪婪，只在意自己的需求，根本不覺得自己需要改變，所以怎麼可能改變呢？這樣的人即使你堅定的拒絕，他依然會想要再壓榨你。所以，你可能要有離開的心理準備。

你可以從這裡練習起

我剛剛舉一個比較棘手的例子來解釋「自我肯定」訓練的歷程，但是這不意謂著每個訓練過程都這麼困難。你可以先由簡單的生活事件來練習。

譬如，某人講話的態度讓你感覺不舒服，而你一直在默默的忍受，當你想要跟他溝通時，你可以這麼想：「我向他表達我的感覺對彼此都是好的。我會因爲講出來心裡比較舒服，而他也會了解到自己的態度不好。如果我都不講，我會因而不想跟他相處，而他也會因爲莫名其妙地被疏遠而有難過的感覺，這樣反而讓雙方都受到傷害。」

當你的想法改變之後，則開始進入到行爲訓練的層面。你可以依循第一、二個原則說：「我想要跟你談一談我的想法，你現在方便嗎？」然後再說：「你剛剛講的那些話或許是無意的，但是我聽起來的感覺好像是在嘲笑我，這是我的認知錯誤嗎？」或者你也可以說：「雖然你是無心的，但是我聽起來感覺還是不太好，所以，可不可以請你以後不要再講類似的話呢？」

在一般的情況下，這種人際間的衝突都可以很順利的解決。但如果對方仍然執迷不悟，那麼你就可以考慮是否要繼續保持這份情誼了。

如果你覺得「自我肯定」訓練還是太難，那麼你可以從更簡單的方式開始練習。譬如，當你到超商買東西時店員的態度不好，你應該轉身就走（而不是呆站著）。當別人講話讓你不高興時，你就沉默不語（而不是苦笑、點頭）。這種「自我肯定」訓練是比較消極的表達自己不愉快的感受。但是對有些人來說，能夠做到這一點已經是很不簡單的突破了。

如果你依然覺得這樣的訓練方式還是太難，那麼我再建議你練習下面的方式：向你的好朋友說：「前幾天那件事情你處理得很好，我覺得你很厲害。」「你是一個很夠意思的朋友，以後有什麼需要幫忙的，記得找我。」這種表達正向感覺的練習也是一種「自我肯定」訓練。

如果你是一個很缺乏「自我肯定」的人，建議可以從最簡單的層級開始練習，漸漸地加深層次。如果一開始就要在最困難的人際衝突中表現「自我肯定」，則是一件很有壓力的事情。除非你的個性堅強，不然不建議你這麼做。

心理師的快樂配方

要練習自我肯定訓練，你應該在兩個層面上努力：

改變想法：

你的需求跟別人的需求同等重要，你先照顧自己的需求，然後再兼顧別人的需求，這才是雙贏的局面。

行為練習：

- 委婉但堅定的態度。
- 同理對方的心情，但清晰表達自己的想法。
- 節節升高。

自我肯定訓練對於一個天性害羞退縮的人來說，是相當不容易做到的。千萬不要認為自己會很快的成功，要有長期努力的準備。

被壓榨的女性

堅守原則，相信自己

孩子生下來就是父母的資產嗎？
他應該要無條件接受父母任何的要求嗎？
許多人都認爲無條件答應父母的要求才是孝順，這是眞的嗎？
如果你的親友是一個會壓榨你的人，你該怎麼辦？

一個消瘦的年輕女子

怡如是一位三十歲左右的女性，她大學畢業，結婚兩年還沒有生小孩。她前來就診的主因是「失眠」，但是她的憂鬱症狀相當明顯，她自己也很清楚。這次是她第一次到醫院的精神科就診。

在兩個星期前，怡如的母親逼她一定要到廟裡拜拜，並喝廟方提供的符水，因爲她的母親認爲她被「靈異」附身，整個人都變了。上個星期，她的母親每天打多通電話催促怡如一定要跟她去廟裡拜拜，甚至以死來威脅。她覺得很痛苦，因爲她根本不想去拜拜，而且之前她已經去過好幾次了，眞的不想再繼續下去。但她媽媽就是會一直吵鬧，逼她一定要去。因此，她最近這幾天神經都非常緊繃，情緒也陷入嚴重的低潮。

後來，怡如的媽媽覺得逼迫她沒有用，竟然到怡如先生的公司去罵他說：「都是因爲你，我的女兒才會變成這樣子。」

到底發生了什麼事？爲什麼怡如的媽媽一定要逼怡如去求神拜佛呢？理由很簡單，因爲怡如「漸漸不聽她的話」了。自從結婚以後，她的媽媽發現怡如不再那麼聽她的話，每個月給的零用錢也明顯變少了，她的各種要求，怡如也不會全部順從。這就是她媽媽覺得她中邪的原因。

當我跟怡如會談的內容更深入之後，就更了解她的成長背景及個性。

她是一個典型「被壓榨的人」。她在家中排行老三，有兩個姊姊，一個弟弟。她成長的家庭相當傳統，奶奶把媳婦當成傭人般對待，極度重男輕女。她的爸爸是一個會花天酒地的男人，根本不管妻兒的死活。她的媽媽在公婆、妯娌間受盡欺凌，一心期盼自己能夠生個兒子，這樣在家裡比較有地位。沒想到，她卻連續生了三個女兒，心情實在絕望。她把這一切都怪在怡如身上，常常罵怡如是「多出來的」、「讓她在家裡面更抬不起頭來。」

怡如的媽媽會把自己所受到的委屈都發洩在三個女兒身上，往往因爲一點小事就毆打、辱罵她們，而怡如是被打得最慘的一個。她的媽媽常常罵說：「就是因爲妳們，我才會這麼辛苦，都是妳們害的。」因此，怡如從小就有一個想法：「是她害媽媽的，自己被打、被罵都是應該的。她應該要犧牲一切來贖罪，因爲一切都是她害的。」所以，不管她媽媽要求什麼，她都會照辦。

她從高中開始就半工半讀，沒向家裡拿零用錢。她吃用都很節省，爲的就是把存下來的錢交給媽媽。但不管怡如給多少錢，媽媽總是喊窮，彷彿像個無底洞一樣。

當怡如大學畢業之後，爸媽終於離婚了。兩個姊姊也陸續嫁人，弟弟則跟媽媽住在一起。她將辛苦工作賺來的薪水全數交給媽媽，但是媽媽還是沒有存款。怡如後來才知道媽媽會簽大家樂，並輸了不少錢。而她的弟弟大專畢業後就失業一年多，即使後來找到工作，也都不穩定，根本養不活自己，但即使如此，怡如的弟弟還是買了一輛車，而當他繳不起車貸的時候，就丟給怡如承擔。怡如雖然辛苦工作了很多年，但一點積蓄也沒有。

她的媽媽以前也試圖控制怡如的兩個姊姊，但是她們都比較有主見，不願被控制，只有怡如一直順從媽媽各種無理的要求。

然而，這一切在怡如結婚之後開始有所轉變。

怡如的先生是一個善良的人，他不反對怡如拿錢回家幫助家人，但是他覺得把全部的薪水都交給她媽媽是不合理的，因爲他們兩個人已經組成一個新家庭，總要爲自己的家庭及未報到的小孩打算。於是，怡如結婚後就決定每個月固定給媽媽幾千塊，剩下的錢要自己存起來。這個決定讓她媽媽相當反彈，但是怡如還是堅持這麼做。

在往後的日子裡，怡如的媽媽常常藉故向怡如拿錢，譬如，家裡的冰箱壞了要換新、想做個小生意、弟弟的燃料稅繳不出來等。她的媽媽甚至說，她的願望就是要買一間屬於自己的房子，希望怡如貸款買給她，並登記在弟弟的名下。怡如對於媽媽種種無理的要求，有時候會勉強答應，有時候卻堅決拒絕。怡如婚後開始出現拒絕的行爲，讓她的媽媽覺得「她整個人都變了」，因此堅持她一定要到廟裡拜拜。

至於怡如呢？自從結婚以後，她就一直活在內心的煎熬當中。她覺得對不起自己的媽媽，因爲她不能滿足媽媽所有的要求。她的媽媽時常向她哭訴身體不舒服，讓怡如更有罪惡感。但是當她勉爲其難答應媽媽的要求之後，又覺得對不起先生。

尤其最近這兩個星期，怡如媽媽的種種瘋狂行爲，讓怡如備感壓力。從童年時期到現在的痛苦回憶，像電影般在腦中重複播放，她感覺自己已經瀕臨崩潰的邊緣。

她在最後這幾天搬到旅館住，以躲避媽媽的干擾，當她站在九樓的窗邊時，充滿自殺的衝動，她非常想要結束一切的痛苦。但是因爲她想起了先生，所以強忍了下來。

像怡如這種情況，可以說是典型的被壓榨者。

在與她會談的過程中，讓我印象最深刻的一句話，就是她媽媽說的：「我是因爲很關心妳，才要帶妳去看神明！妳一定是中邪了。」我很難了解她所說的「關心」是什麼意思！

在會談的尾聲，我建議怡如：「不要一味地順從母親的期望，這是在害大家。因爲當妳把錢都交給她，而她跟妳弟弟卻不知節制的花用時，最後的結果就是大家都沒有錢。一旦發生意外事故，你們可能連吃飯都有問題，這樣是不是大家都會很慘。」我鼓勵她要堅守原則，把錢留在自己身邊。因爲她很節省，會妥善運用金錢，這樣的結局對大家都好。

但她內心依然有強烈的罪惡感，她覺得母親的一切痛苦都跟她有關。她覺得自己的幸福一點都不重要，應該要犧牲自己來成全別人的期望。我跟她說：「這些罪惡感是妳母親灌輸給妳的觀念，其實妳並沒有欠她那麼多。而更重要的是，妳知道怎麼做最好，即使妳媽媽不了解，妳也應該堅持下去。至於那些自責感、罪惡感呢？相信我，它們會漸漸消失的。」

心理師的快樂配方

如果你身旁有人一直在壓榨你，而你不斷的付出，對方卻沒完沒了。你應該想一想，這樣的相處模式公平嗎？這樣不斷的付出真的對他好嗎？你會不會只是害了他跟自己呢？

也許在內心深處，你有很多的罪惡感、愧疚感，讓你感到無法承受。但是你應該要學會去忽略這些感覺，依循自己的理性來做判斷。

你有權利保護自己合理的權益，你有權利過快樂的生活。這一點是不會錯的。

精神潔癖

保持客觀態度，不做過度反應

人眞的只有兩種嗎？
一種是好人，一種是壞人？
這種二分法，是不是把人性看得太單純了？
而這種看待人的方式又會帶來多少困擾呢？

善vs.惡

存有「人都是善良的」這種想法的人似乎顯得太過單純，可能無法在社會上生存；但存有「人都是自私醜陋的」想法的人又未免太過悲觀，很有可能會過著一種孤獨無助的生活。

到底眞實的社會是怎麼樣的呢？這個社會裡，有好人也有壞人，好人的內心裡有善良也有自私，壞人的內心裡有自私也有善良。說這個人是完全的好人，或說那個人是完全的壞人，這種兩分法是把人性看得太單純了。

相信善惡分明的人，在人際相處上往往容易遭受挫折。舉例來說，如果你是善惡分明的人，當你看到好朋友出現一些自私、傷害人的行爲時，你就比較難以原諒他（譬如他不小心說出你的祕密、把責任都推給你等）。因爲在你的內心世界裡，這個人已經不是「好人」，而是一個「壞人」，因此，你根本不想再跟這個人當朋友。更糟糕的情況是，如果你設定的好人標準很高，你就會發現，這個世界上根本沒有人是值得信任的，因爲每個人都有自私醜陋的一面，這種現象我們可以稱爲「精神上的潔癖」。

實際上，當你的朋友顯露出人性的弱點時，你應該不要反應過度。一般人會反應過度往往是因爲缺乏安全感，怕受傷害，其實你應該冷靜、理性的看待這些事情，持續與對方溝通。也許這一切只是誤會，那麼你們依然可以繼續當好朋友。就算對方眞的有點自私，他也不過是想要保護自己，這又有什麼錯呢？

你要做的不是把對方歸類爲壞人、敵人，然後永遠不跟他往來，你所要學習的是冷靜、理性的看待這些事情，了解朋友的個性。但是，當然在心裡也要衡量這些狀況，這樣你就可以預測，當某天你遭遇一些狀況時，你的朋友會怎麼反應。當他有求於你時，你也可以據此考慮要幫助朋友到什麼程度。

如果你能夠做到不過度反應，許多人際間的誤會或者輕微的傷害都可以不在乎，那麼你就會發現其實很多人並沒有那麼可惡，還是可以和他們交朋友（即使他們有自私的一面）。當然啦，如果有人多次的傷害你，你認定他是敵人，而且打算永不往來，這就很合理了。

心理師的快樂配方

好人的內心裡有善良也有自私，壞人的內心裡有自私也有善良。說這個人是完全的好人，或說那個人是完全的壞人，這種二分法把人性看得太單純了。你應該保持客觀的態度，不要對別人的行為做過度的反應，你會發覺，很多人也許有一些人格上的瑕疵，但是他們並沒有你想像中的那麼壞。

受人排斥

對人謙卑與和善

你是一個長期人際關係不好的人嗎？
你認為都是別人在壓迫你，你並沒有犯什麼錯嗎？
如果你有長期的人際問題，
會不會是因為你忽略了一些最基本的東西呢？

人際良方：謙卑與和善

社會上有一類人，長期以來人際關係都不好，幾乎在不同的人生階段都被團體排斥，沒有太多朋友。這群人通常有一些特徵：

- 他們的反應較慢，容易被排斥。
- 他們的社交技巧不好，不會察言觀色，不懂得在適當的時候講適當的話。
- 漸漸地，他們累積了許多對人群的敵意，他們開始不自覺的產生讓人排斥的表情與動作（譬如皺眉頭、面無表情、與人交談時眼神不定等），他們的心態也轉變為多疑、防衛心較強。

因此，他們的人際關係就愈來愈差。

如果你面臨到上述的情況，請別絕望。要成為社交高手不太容易，但是要當一個不被討厭的人倒是很簡單。

因為反應快慢與否是天生的，你的口才不佳、社交技巧不好也是早就存在的現象，那就不要試圖改變這些難以改變的事情。那什麼是容易改變的呢？就是敵意的心態與不知不覺中令人排斥的表情和動作了。當一個人可以修正第三項缺點，而第一、二項缺點卻沒有改變的話，那將是一個什麼樣的人呢？

小康的反應很慢，言談也不吸引人，他在人群中並不活躍，往往被遺忘在角落。但是，團體中沒有人討厭他，因為他常常將笑容掛在臉上，並主動表達對人的友善與關心。他在工作上任勞任怨，不會計較。他雖然在與人交談時，眼神常會不自覺的飄往別處，但由於臉上總是帶著微笑，所以朋友們不會認為他在生氣，也因為常常微笑，就不會出現眉頭深鎖的表情。

這樣的人在團體中往往默默無聞，但他們還是可以獲得多數人的接納，也能夠結交到幾位知心好友。這樣的轉變並不困難，只要常常微笑點頭、對人友善、任勞任怨就可以了。

如果你是一個人際關係長期不好的人，建議你不要試圖在團體中出風頭，因爲這樣往往會招致更強烈的排斥。原因是，如果你的能力沒有比衆人強，而你又強出頭，衆人就會更看不起你。即使你的能力比衆人強，衆人一樣會厭惡你。爲什麼呢？因爲你本身就是被團體排斥的人，如果你的能力很強，團體只是多了一個具威脅性的敵人而已，他們當然會厭惡你。所以，沉潛自己，放下與人敵對的心態，做一個和善謙卑的人吧！

你會擔心自己的獨特性在團體中被埋沒嗎？別擔心，只要你具有眞正的實力，就會贏得應有的尊重。

心理師的快樂配方

要當一個社交場合的明星是相當不容易的，但是要當一個不被眾人討厭的人倒是很簡單。謙卑和善，如此而已。

人際障礙

顧慮他人感受，真誠表現自我

什麼樣的人可以跟別人好好的相處？
什麼樣的人會引起眾人的排斥？
顧慮別人的感受就一定會失去自我嗎？
有一種人可以做眞正的自己，又可以跟別人好好的相處，他們是怎麼做到的呢？

顧慮別人的感受vs.做眞正的自己

顧慮別人

「同理心」（Empathy）可說是所有人際互動的基礎。因爲擁有感受他人心情的能力，我們可以跟別人建立親密的關係。譬如，大熊今天工作非常不順，在公司跟人吵架。下班後，女友想相約一起逛街，但細心的女友注意到大熊今天的心情不好，所以壓抑自己想逛街的慾望，陪大熊聊心事。若大熊的女友缺乏同理心，兩人可能免不了一場爭執。哪一種女生討人喜歡或討人厭，可想而知。

嚴重缺乏同理心的包括反社會人格（Antisocial personality disorder）的人、自閉症患者（Autistic disorder），由於他們的腦部結構出現問題，所以才感受不到別人的情緒。像這種嚴重缺乏同理心的人，難以跟他人建立良好的人際關係是必然的。但這兩類患者並不常見，在社會上大部分出現人際關係問題的人，往往不是沒有能力感受別人的情緒，而是他們不太在意別人的情緒。

自我的現代人

接下來，談一談這些人的心態：

隨著物質生活愈來愈好，現代人愈來愈重視表現自我的個性與主張，這種現象在年輕人身上最明顯。他們認爲傳統的和善、謙卑、包容、忍讓是沒有個性的行爲，認爲不畏衆人意見、表現自我、有話直說才是個性的象徵。因此，在這種信念之下，他們往往變得只強調自我感受，不願意注意別人的感覺。

我曾經與一位年輕人會談，他是一個在學業上表現優異的人，他因爲憂鬱前來就診。他在班上就是一個很忠於自我的人，會高談闊論自己擅長的事情（同學認爲是臭屁），也會在課堂上與老師對話，談論自己經歷（同學認爲是炫耀）、他的表情嚴肅（同學認爲是高傲）。但他不想改變這些事情，因爲他認爲這才是眞正的他，而同學們不喜歡，是因爲「他們很幼稚」。他充分做到了表現自我、有話直說的原則，但這些行爲卻使全班大部分的同學都討厭他。他也因此得到重度憂鬱症。

所以，可以只忠於自己，而不顧別人的感覺與想法嗎？這麼做的代價太大了！

顧慮別人又忠於自我的人

也許你會問，是不是要一直顧慮別人的想法，而不要表達自己的想法呢？當然不是這樣的！相反的，顧慮別人的感受跟眞實表達自己的想法是不相違背的。問題的關鍵在於，你必須在適當的場合做出適當的言行。舉例來說，在公眾的場合，你應該多顧慮別人的感受並謹愼言行，講話太過直接坦白就容易引起眾怒。但當你參加好友間的聚會，你若太過拘謹，就會給人一種疏遠的感覺了。所以，最好的做法就是，當你面對一群不太熟悉的人時，你應該謹愼言行、多顧慮別人的感受，這樣可以避免引起不必要的敵意；當你面對熟悉的朋友時，就可以依照熟悉的程度眞誠表達自己的想法，這樣子反而會讓對方感覺更親近。

很多人都認為，在面對群體或陌生人的時候講話婉轉、顧慮他人感受是一件虛僞的事，其實這是一種避免誤會的聰明做法。隨著彼此的熟悉程度逐漸地增加，你就可以逐漸地表現出坦率的一面，朋友間的感情也會更加融洽。

我們時常聽聞好朋友彼此直接的批評、分析，而感情依然深厚的例子。這樣的友誼讓很多人都羨慕。只不過年輕人似乎都忘記了，這樣坦誠、直接的溝通是需要建立在長期的友誼上的。當你面對一個陌生的人或團體時，如果你用這種方式對待他人，相信不用多久，討厭你的人就會像雨後春筍般冒出來。

心理師的快樂配方

要學習分辨哪些情境應該多顧慮別人的感受、收斂自我，哪些場合應該要真誠的表現自我、直接的溝通。當你可以學會這一點時，你可以在群體中得到普遍的接納，在朋友中得到真誠的友誼。

溝通障礙

練習同理心對話

同理心可以說是人性美、善的來源，也是人際相處的基石。沒有同理心，就不會有人與人之間的互動，人類的社會也會陷入暴力混亂當中。

同理心：設身處地的去體會別人感受

同理心可說是人際相處最重要的元素。沒有同理心的人，往往讓人覺得粗心、不體貼、自私；而有同理心的人，往往讓人覺得很窩心、親近、體貼。

大部分不能體會別人感受的人，主要原因是他們不習慣，而不是沒有能力去體會。大部分人際關係差的人常常沉浸在自己的感覺與想法中，對於人際相處的理解往往扭曲得很厲害。

同理心的練習

要學習同理心並不困難，兩個簡單的步驟重複練習就可以了。

- **猜測別人的感受。**
- **把你所猜到的講出來。**

當別人跟你說：「我家的小狗死了！」他此刻的心情一定是難過與悲傷。你要怎麼安慰他呢？你可以說：「我想你一定很難過。」這就是同理心的表現了。

當對方說：「我爸媽又吵著要離婚。」你猜測他的心情是煩悶、沒有安全感。因此你可以說：「我想這樣的情況一定讓你覺得很煩，也很沒有安全感。」

以同理心對待別人往往可以讓人有一種窩心的感覺，因爲他會感覺到你已經猜到他內心的感受，你是了解他的。

爲什麼人們缺乏同理心？

一般人爲什麼會那麼缺乏同理心呢？最主要的原因當然是，每個人基本上來說都是「自我中心的」，我們並不習慣於思考「別人在想什麼」。次要的原因是，我們的社會比較強調競爭、強悍，並不重視同理心這種比較柔性的情感。因此，大部分的人都不太習慣體會別人的感受，尤其是男性。

當彼此在爭吵的時候，要同理別人就更困難了。因爲當我們爭吵的時候，往往情緒激動、講話尖銳，根本無法顧到別人的感受。當對方說：「我覺得你眞的很自私。」的時候，我們很習慣的就會反擊說：「那你呢？你就不自私嗎？」但是當你用這種方式來回應對方的時候，你們的溝通往往就會變成一種互相攻擊的情況。

如果你運用同理心，猜測他的感受是生氣，而你說：「我想你滿生氣的，因爲你覺得我很自私。」然後接著說：「但是我很想知道，爲什麼你會覺得我自私呢？我到底做了哪些事情讓你覺得我很自私？」這就是良好溝通的開始了。

你不反擊，並體會對方的感受，然後以平靜的口氣詢問對方生氣的理由，這樣的溝通已經成功了一半。

同理心就像一個人際關係的黏著劑，它可以讓我們彼此的感覺更緊密，也可以協助我們消彌彼此的衝突。因此，如果你的人際關係並不好，記得多猜測別人的感受，並且把猜測到的想法說出來吧！

心理師的快樂配方

同理心的練習只有兩個簡單的步驟：

- **猜測別人的感受。**
- **把你所猜到的講出來。**

用上述的兩個步驟練習下列的情境題：

- 王翰跟女朋友分手了，他打電話跟你聊天。你會跟他說……
- 媽媽大聲的罵說你的房間又髒又亂，跟你講了那麼多次你都不整理。這時候你會說……
- 小寶的玩具被隔壁的大哥哥弄壞了，他嚎啕大哭著回家。這時候你會安慰他說……

如果你找不出好的答案，記得問問你的朋友。

敏感個性

減少負面解釋，多和他人溝通

敏感的個性可以改變嗎？我的親身經驗是可以！

敏感的人

我在三十歲前是個很敏感的人，對別人許多的舉動，常做很多負面的解釋。譬如：

在學生時代，有次我回到宿舍，看到一位室友的臉色很臭，我就開始懷疑是不是自己做錯了什麼事，這時心裡總有一種感覺「一定是我惹他不高興了。」而事實上，室友可能是那天跟女朋友吵架而心情不好。

或者，我請求朋友幫個小忙，他卻很久沒有回音，這時我心裡就會認爲他一定是不想幫我，並且開始想一些證據來支持這個想法。因此，當我下次再見到他時，就會顯得很尷尬。而事實上，對方可能只是太忙而忘記了。

以前的我總是把別人不友善的行爲都指向自己「一定是我做錯事情」、「一定是他不想幫我」、「他早就看我不順眼了」，這些過於敏感的想法常常讓我心煩，莫名其妙地出現人際困擾。

隨著生活經驗的累積，我發覺我對他人內心的想法常做出錯誤的猜測，往往別人根本沒有惡意，而我卻因此煩惱兩、三個星期。因此我漸漸地調整自己的心態，告訴自己：「不要太快下結論，不要捕風捉影。」現在的我如果看到一些負面的言語或行爲，通常都會想：「他可能今天心情不好吧」、「也許他只是身體不舒服」、「他也許就是這種個性吧，並不是特別針對我」等。當我這麼想的時候，心情就不太會受到影響。因此就可以與這個人保持正常的互動。

但是如果對方一直表現出不友善的態度呢？這時候我會評估我與這個人的關係，如果對方是可以溝通的，那麼我會用一些婉轉的方式去表達善意（譬如主動點頭微笑、故意找話題等）。如果對方的態度依然冷淡，而我們之前的交情還不錯，那麼我會開誠布公、語氣平靜的問他：「我感覺你好像對我有意見，是不是我做了什麼事讓你不高興，你可以告訴我嗎？」如果對方願意談，那就是一個溝通的開始，如果對方不願意當面談，那麼你可以嘗試用電子郵件來溝通，也許對方是一個不善於溝通的人，寫郵件對他來說感覺比較自在。若依然溝通無效，只好再尋求其他溝通方式或者考慮放棄了。

如果我感覺這個人不太願意跟我溝通，那麼我就學著不要把他不友善的行爲看得太嚴重，而會想「這個人就是這樣子，別理他。」

如果你是一個在人際相處上很敏感的人，建議你要多跟朋友溝通。一旦你覺得別人的態度好像「怪怪的」，就試著去問對方是否在生氣或者有其他心事。這麼做會讓你了解自己的猜測準不準，到底是自己太敏感還是別人眞的在生氣。根據我的經驗，大概有九成以上的猜測都會錯得很離譜，如果你不相信，可以試驗看看。

心理師的快樂配方

如果某個人做了某些行為讓你覺得不友善，在你反擊這個人之前，先問一下自己下面三個問題：

- 我對他行為的解釋是唯一解釋嗎？有沒有其他可能解釋？
- 站在他的角度來想一想，為什麼他會出現這些行為呢？
- 如果跟他溝通的話，會不會更有效率的解決問題呢？

老是被壓榨
用公平法則看待人際交流

什麼樣的人際模式才是正確的？
是一直無條件的付出？還是自私一點比較好？
為什麼一個願意付出的人反而常常被利用？
到底一個人該用什麼樣的態度跟別人相處呢？

公平的人際關係

有人認為，人際之間的相處類似一種交易的行為，雙方都需要「公平的感覺」，我認為很有道理。譬如，夫妻都在同一個單位工作，下班回家後，先生會把家事都推給太太做，太太很自然地就會產生一種不公平的感覺，因為兩個人白天都在工作，但是晚上的家事卻全部落到太太的身上，這當然不公平。再譬如說，小憲與小同是朋友，小憲常常幫助小同，小同卻經常藉故不願幫助小憲，久而久之，小憲就不想跟小同做朋友了。這樣的反應也很合理，因爲雙方的關係並不公平。

當然有人會質疑，這種說法不是把所有人際關係都變得很現實嗎？我的看法是，依循公平的原則與人相處並不現實。當別人對你好、爲你犧牲，那麼你也應該以同樣的方式對待；當對方並未對你付出，你不提供任何協助也很合理。這就像「人情的交易」一樣，非常的公平並符合正義原則，怎麼會現實呢？相反的，讓人產生不公平的人際關係才會有一種「現實」的感覺。譬如，一位先生在年輕時常常毆打妻兒，臨老之後卻要求妻兒照顧他，這叫做現實；某個人平常自私自利，遇到困難時卻希望別人幫助他，這才叫做現實。

「公平的人際關係」未必代表著絕對的互惠，相反的，這種人際互動的方式可能會形成一種正向的循環，即你幫我一分，我反過來幫你兩分，你再幫我三分，我可能又幫你五分。甚至在某些狀況下，有的人願意冒著生命危險去幫助一個沒有血緣關係的人。這樣的交情是怎麼來的呢？如果對方一開始就表現得自私自利，誰會願意冒著生命危險去幫助他呢？

所以，如果你的人際關係不好，記得要提醒自己多助人、多付出。這些付出會形成一種正向的循環，讓別人覺得應該要回饋你，也會讓別人不忍心傷害你。

但是，你要愼防一種情況，就是有的人會一直予取予求，你不應該一味的順從要求或期待。會對別人予取予求的人有一個很明顯的特徵，就是只求獲得，不願付出。所以，如果你感覺到你的親友是這種類型的人，不要一味的付出，否則只會讓他們更看不起你。

面對這類型的人，我的建議是，在一開始你可以多付出一點，但是一旦得不到任何回饋的話，就堅持不要再幫助他了，你甚至可以清楚的告訴他：「我曾經求助於你，你卻根本不幫我。我希望你做的事情，你也都沒做。」還可以說：「除非我感受到你的誠意，不然我不會再幫你了。」記得堅持這一點，直到對方有所改進。

在我會談的經驗上，曾經看到在人際關係上被榨取得最嚴重的人，往往是從小就被父母榨取的人。因爲父母灌輸一個觀念，即他們虧欠父母很多，他們是沒有什麼價值的，只有在有益於別人的時候才有用處。這些都是天大的謊言，但是這些人卻深信不疑，他們需要一場思想上的革命。

「人際相處是講求公平的。」我把這句話當成是人際相處上最高的準則。

心理師的快樂配方

不管你跟別人有了什麼樣的衝突，你都可以用公平的法則來衡量看看。如果你覺得對方對待你不公平，那你就有權利要求對方改變，不管這個人是你的父母還是配偶。

用親情、愛情來考量彼此的關係，一直的忍讓，反而容易讓彼此的關係陷入緊張當中。建議你要求彼此公平對待，你會發現，這種公平的人際關係是最容易長久的關係。

年　月　日

心情 ☺

第4篇 焦慮

每當焦慮、緊張時，可以學著靜坐、緩慢呼吸，
讓自己平靜放鬆後，再試著主動挑戰，
例如主動與人交談，主動在課堂上提問等，
漸漸的你會發現身體變得容易放鬆，
也不再那麼容易焦慮與害怕。

為何常失眠 克服失眠3要點

為什麼會失眠？
是腦部結構出了問題，還是情緒壓力出了問題？
失眠問題眞的可以徹底解決嗎？

失眠的原因及解決方法

失眠的現象

我們可以用一個簡單的比喻來解釋失眠的現象。一個人的腦部就像一部很精密的機器日夜在運轉，唯有到了深夜就寢時，腦部才能稍微休息。但如果腦部到了該休息時還不停止運作，你就很有可能失眠了。

什麼樣的原因會讓腦部無法休息呢？很諷刺的是，在臨床上最常見的原因是「害怕失眠」。因爲害怕自己會失眠，因此很緊張，導致腦部無法暫停運作而失眠。試想，因爲害怕失眠而導致眞的失眠了，是一件很奇怪的事。

另一個常見的原因是，心中存有太多憂慮，當躺到床上時種種煩惱就一擁而上，導致腦部運作無法暫停。還有像是睡眠的環境太過吵雜或明亮、白天睡太多、睡前情緒太激動、喝太多咖啡、抽太多菸、吃太多宵夜等，這種種的因素都會讓腦部處在亢奮的狀態，無法靜止下來。即使睡著了，也是淺眠，隔天早上起來依然很疲倦。

克服失眠

要克服失眠的問題，原則上就是把上述原因排除，自然就容易入睡。具體來說，我建議要做到下列三點：

不要擔心睡不著

睡不著並不是一件很可怕的事，不必那麼擔心。金氏世界記錄裡曾有一個年輕人連續十一天都沒有睡覺，身體也沒有出現異狀。當實驗結束之後，這個年輕人開始恢復睡眠，他的睡眠規律沒幾天就回復正常，根本不需要額外補眠。所以，當你睡不著的時候可以告訴自己：「沒關係，我不一定要睡著，我只要輕鬆的躺著，讓自己的身體跟心情都放鬆，就達到休息的效果了。」

避免各種不良的生活習慣

如果你容易失眠，白天盡量不要睡太多，也不要接近傍晚才睡；不要喝太多咖啡或茶，也不要抽太多菸；不要躺在床上看電視，也不要在睡前用腦過度等。這些因素中任何一項都有可能讓你無法入睡。

解決心中的憂慮

如果你的失眠是憂慮生活上的事情所引起的，那麼就要試著去解決這些事情。也許適度使用精神科藥物或心理諮詢會對你有幫助。如果失眠的問題還是無法解決的話，那麼建議你可以學習靜坐。靜坐有三大好處：

- 不用擔心睡不著的問題，因爲靜坐本身就有類似睡眠的效果。
- 如果你的靜坐方式正確，你的身體會很放鬆。這樣的放鬆狀態有助於睡眠。

● 靜坐可以抑制腦中繁雜的思緒，有助於讓腦部的運作停止下來。

如果上述所有的建議你都已經嘗試過了，但是依然沒有效果的話，那麼，你應該看一下醫師了。

心理師的快樂配方

如何讓你睡得安穩：

以下十六點都是良好睡眠的條件，如果你希望自己的睡眠能夠改善，應該盡量做到這些要求：

● 睡眠環境熟悉且舒適。

● 睡眠環境光線昏暗。

● 睡眠環境安靜。

● 固定的睡眠與甦醒時間。

● 白天不會小睡超過一小時（也不要太接近傍晚才睡）。

● 每天固定的運動。

- 不過度抽菸、喝酒。
- 床上不做睡覺以外的其他活動（除了性活動）。
- 不在傍晚以後喝含有咖啡因的飲料。
- 讓自己睡前不會太興奮（例如勿激烈爭論、勿看恐怖片等）。
- 不把思慮的事情帶到床上想。
- 不在深夜運動。
- 宵夜不過量。
- 只有在疲憊的時候才上床睡覺。
- 養成睡前的固定慣常活動。
- 躺在床上超過十五分鐘睡不著就離開床。

助眠方法

教你靜坐改善失眠

容易失眠的人煩惱多，總是在擔心未來。
靜坐強調放空思慮，
恰好可以對治失眠的問題。

靜坐與失眠

靜坐的功用

在佛教典籍上記載不少的修行人可以做到完全不睡覺，這個現象在佛教上稱之爲「不倒褡」。這群修行的和尚可以整晚靜坐，隔天早上依然精神奕奕，長期皆是如此。這種現象可能的科學解釋是，在靜坐的狀態中，一個人的意識雖然清楚，但是腦中沒有雜亂的思想，身體可以完全放鬆，因此有著等同於睡眠的休息效果。這種現象對於失眠的患者來說，可能值得一試。

如果從心理治療的角度來看，我也認爲靜坐對於失眠的治療有著良好的價值。其理由是，長期失眠的人往往具有下列特徵：

- 睡前腦中思緒過多。
- 睡前身體不自覺的緊繃。
- 一直想要睡著，反而越睡不著。

靜坐恰好可以解除上述三個常見的問題，因爲：

- 靜坐強調放鬆心情，可將腦中繁雜的思緒減少。
- 靜坐可放鬆身體，舒緩身體緊張。
- 靜坐可取代睡眠，練習者根本不用擔心睡不著。

靜坐的原則與步驟

在你開始練習使用靜坐來替代睡眠之前，必須提醒你做到下列四點原則：

- 停用安眠藥。安眠藥會讓你的精神昏沉，無法靜坐。

- 靜坐中必須保持清醒且全身放鬆（奇怪的是，當你愈想保持清醒，就愈會昏沉想睡覺）。
- 除非你已經有睡意，否則不躺上床睡覺。
- 若躺上床後依然睡不著，必須起床繼續靜坐。

下列爲**具體的靜坐步驟**：

1. 在床上放一個蒲團或枕頭，端坐在上面。
2. 脊椎要直，但保持放鬆。
3. 雙腿輕鬆盤起（單盤即可），雙手掌心朝上交疊，置於盤腿處（可依個人狀況調整舒適度）。
4. 閉眼自然呼吸，頭部下垂約十度。
5. 注意力集中於緩慢的呼吸，第一次吐氣時即在心中默數一，第二次吐氣時即在心中默數二，直到數到十爲止。請重複的默數。

當腦中開始出現各式想法時，不用感到心煩，提醒自己把這些想法輕輕放下，再重新開始默數呼吸就可以了。當你感到心情煩亂或無聊的時候，建議你可以做一些拉筋伸

展的動作，讓自己的身體放鬆。

不要依靠安眠藥，給自己一個月的時間，試試這個方法，你將會看到一些明顯的改善。如果你擔心不吃安眠藥可能會整晚睡不著，導致隔天無法正常工作，那麼可以利用週末或假日前一天來試驗這個方法。這個佛教的靜心方法也許可以解決你長期以來的失眠問題。

心理師的快樂配方

當你開始使用靜坐來改善失眠問題時，可以利用下面的表格來記錄自己睡眠改善的情形：

日期　年　月　日（夜）

1. 昨天花了多久時間才睡著？＿＿＿＿＿（估計）
2. 夜裡大概醒來幾次？＿＿＿＿＿

3. 每一次醒來，大概清醒多久？

第一次＿＿＿＿ 第二次＿＿＿＿ 第三次＿＿＿＿ 第四次＿＿＿＿

4. 今天早上最後一次醒來是幾點？＿＿＿＿什麼時候起床？＿＿＿＿

5. 昨晚眞正睡著的時間有幾小時？＿＿＿＿（估計）

6. 評估你昨晚的睡眠品質：

0　1　2　3　4　5

極糟 → 很好

7. 起床以後精神好的程度：

0　1　2　3　4　5

極糟 → 很好

容易緊張

主動出擊，克服緊張

許多人都用逃避的方式來面對焦慮。
當他們無法逃避的時候，
才被動的與焦慮對抗。
這種消極的方式反而讓他們的焦慮問題更嚴重。

主動出擊

很多人想要解決緊張的問題，他們學習的方式就是「當他們緊張的時候，就提醒自己要放鬆」。這種練習的方式有一個特徵，即當外在的刺激讓當事人感到緊張的時候，就試著去抵抗這樣的刺激，讓自己放鬆下來。這種方式基本上是一種防禦。很多人都發現這種練習很難成功，因為當刺激出現的時候，當事人往往很緊張，根本無法放鬆。因此，這種防禦型的對抗效果會比較差。

我比較建議的克服緊張方式是「主動出擊」。換言之，不要等焦慮來找你，而是你自己主動去找焦慮。那要怎麼找出焦慮呢？譬如，你看恐怖片的時候會緊張，那麼你就可以練習在看恐怖片的時候把緊繃的肌肉放鬆下來；也可以在心情平靜愉快的時候，故意想一些會令你感到緊張焦慮的事情，讓自己緊張之後再試著放鬆；如果你很怕待在一個封閉的空間裡，則可以找一個封閉的空間，試著待在裡面。

這麼做之後你將會發現一個現象，也就是當你主動去挑釁焦慮的時候，焦慮反而會退縮。

對於焦慮或者恐懼，逃避它們往往只會讓你變得愈來愈膽怯，害怕的事物也會愈來愈多。但是一旦你選擇反擊它們，它們就會開始敗退了。

如果你是一個容易緊張的人，你可以隨時隨地刻意找一些焦慮的情境來練習。譬如，主動與人談話、在上課時提問、觀看恐怖片等。你將會注意到，當你面對這些情境的時候，你全身的肌肉會緊繃，臉部、肩膀、胃部都可能有緊張的感覺。這時，你就把這些部位的肌肉放鬆，不斷的深呼吸，當你比較放鬆的時候，就再繼續的挑戰這些焦慮的事物，而當肌肉再次緊張起來時，就再次的放鬆它。

長久下來，你就會很容易注意到自己的肌肉處在緊張狀態，也能很快的放鬆肌肉。這時候，你就是漸漸地在建立放鬆習慣了。

不過，我還是要再強調一點，放鬆的習慣絕對不是短時間就能養成的，必須經過長期的努力才能成功。

心理師的快樂配方

主動的挑戰焦慮，在你平靜、放鬆的時候刻意磨練自己。如果你能夠持續練習，你會發現自己的身體變得容易放鬆，對於原先害怕的事物也不會再那麼緊張了。

社交畏懼症

練習放鬆，勇敢面對緊張

社交畏懼症對旁人來說是很難以理解的一個疾病。
患者過度的怕跟人相處、怕在別人面前表現，
他們對各種批評都非常敏感。
你很難了解爲什麼他要這麼緊張、
爲什麼他要這麼在意別人的眼光。
你不太能了解這點，直到你傾聽他內心的世界……

一個治療成功的社交畏懼症患者

小芬今年二十六歲，剛考上研究所，她有人際相處上過度緊張的問題，因爲男友的強力要求而前來尋求協助，經診斷爲社交畏懼症（Social phobia）。

她從高中開始，對於接觸人群就有很深的恐懼感。只要衆人的目光注視著她，她就

會不自主的全身發抖，恨不得趕快躲起來，心裡面會立即想到：「他們一定是覺得我看起來很笨。他們一定是覺得我講話很無聊。我看起來就是很愚蠢。」因此，她在高中、大學階段都盡量避開各種人際接觸的場合。這種畏懼人群的傾向也傷害了她跟她男友的關係，因爲她過度的依賴男友，限制男友的正常活動。直到男友以分手威脅她，她才了解到自己問題的嚴重性。

另一個讓她想來就診的原因是，她擔心即將到來的研究所生活。因爲上了研究所之後，上台報告的機會比大學高出很多。她以前相當害怕上台報告，如果可以不用報告就過關的話，她一定會避開報告。如果其他同組的成員可以報告的話，她也絕對不會上台。但是到了研究所，上台報告是絕對避免不了的，於是她開始擔心。她非常害怕自己會在衆人面前出糗。我跟她會談了幾次，才漸漸知道，她以前並不是這樣的人。

國中以前的她是一個活潑開朗的人，朋友很多，成績中上，也當過班上的幹部。以前的她很有自信。但從高二開始，她的生活就開始變調，這一切都從她轉入某一所明星高中的明星班開始。

她在高二轉入新班級，這個班級瀰漫著一股濃厚的敵意及競爭的氣氛，而她是班上的新成員，成績表現又不好，因此許多人對她相當不友善。這個班級最具殺傷力的應該就是導師怪異偏差的性格。這位導師會在班上公開羞辱成績不好的人：「妳是豬啊，連這個都不會？」「這一題我們問問某某好了，如果她會了，那全班就都會了。」「妳當初怎麼進到這個班級的啊？妳是靠什麼關係才進來的？」等。她就在這些辱罵中過了兩年痛苦的學生生活，她的成績變得更糟，常常成為導師及同學們羞辱的對象。

經過兩年悲慘的高中生活之後，她變得非常畏懼與人相處，也變得很敏感，常常擔心別人是不是在注意她、批評她。

雖然她對自己的評價很低，但事實上，她是一個相當聰明又敏銳的人，所以她的心理治療歷程很順利。我進行了幾次個別的心理治療，並鼓勵她參加人際互動團體。

她進步得很快。在團體中，她可以跟其他成員做良好的互動，她覺得自己被接納，可以自在地談論自己的感覺。她在個別治療中，找出自己一些不合理的信念（譬如「別人一定會覺得我很蠢」、「我是一個很乏味的人」等），並加以矯正。她也努力的練習放鬆技巧，學習怎麼控制自己的緊張。幾個月下來，她發覺自己對人群的恐懼感已經大幅度降低，她也敢於聯絡一些以前的朋友了。男友對於她的轉變感到很滿意。

我告訴她，焦慮是一種正常的現象，不應該完全禁止它的出現。妳要學會的是怎麼把它控制在合理的範圍，不要讓它過度干擾妳。妳要勇敢的面對讓妳緊張的事物，甚至是刻意主動的去面對它，這樣子妳才有可能完全擺脫它的干擾。如果妳選擇逃避，那只會讓不合理的恐懼不斷地加深而已。

心理師的快樂配方

如果你有過度的社會焦慮，你應該要常常記錄內心出現的負面聲音，它們可能是「別人一定會覺得我很蠢」、「我是一個很乏味的人」等。想一想，這些話合理嗎？你真的是這樣的一個人嗎？你應該去問一問你的朋友，並且相信他們告訴你的話。

因為你可能會自卑的認為自己又蠢又乏味，但是，我相信你的朋友一定會給你不同的答案。

記得多練習放鬆，勤奮的練習，身體放鬆了，你跟人相處時的緊張感自然就會降低。

非理性恐懼

克服恐懼的4大方式

一個人可以靠自己的力量克服恐懼嗎？
有沒有哪些技巧是克服恐懼的良方呢？

用簡單的方式來克服恐懼

很多人都曾有一種經驗，即原本我們相當恐懼的事物，在親身經歷過以後，卻發現根本沒什麼。舉例來說，有的人很害怕考試，但是考完之後，就覺得也沒那麼難；有的人很害怕在正式的場合出糗，但是當他出席之後，才發現先前的擔心都是多餘的。

這種非理性的恐懼如果太強烈，除了會感到痛苦之外，也會影響我們的正常表現，所以應該加以矯正。

如果你想要消除這些非理性的恐懼，下列建議都是不錯的努力方向：

多跟別人談一談

找你所信任的親人或朋友談論你恐懼的事物，這種方式可以有效降低你的恐懼。爲什麼呢？第一，談論自己內心的感受本身就有發洩情緒的效果。其次，有親友的支持會帶來安全感，而這種安全感會中和原先的恐懼感，讓你的緊張感降低。第三，談論自己所害怕的事物可以看清楚自己的恐懼，你可能會發現事情沒那麼可怕。

把感覺記錄下來

如果你沒有談話的對象，也可以把它寫下來。寫一遍可能還不夠，你可能需要多寫幾遍。你也可以在心裡自我提醒，盡量從不同的角度與心態記錄相同的事件。譬如，你很擔心上台表現不好，第一次就寫自己內心自卑、擔心的感受，而第二次寫的時候，就可以用比較自信、理性的心態來描寫整個事件。

在腦海中思考

如果你不想把感覺寫下來，也可以單純的思考你所恐懼的事物。但是我建議你應該在心情輕鬆的時候想，因爲這些輕鬆自在的感覺會與恐懼的情緒中和，讓你恐懼的情緒不致太強烈。所以，你應該在輕鬆愉快的時刻練習回想一些恐懼的事物。這麼做似乎有點違反常理，但是對於克服恐懼倒是一個很好的方法。

做模擬練習

如果你害怕的事物是即將要來臨的，我建議你主動出擊，模擬一些情境來練習。譬如，你非常擔心下個月即將要上台報告，那麼就可以事先做充分的練習，像是準備好講稿，然後在房間裡朗讀。如果恐懼不會太強烈，你就重複的練習直到完全不會緊張。你也可以進一步挑戰更高階的情境，譬如面對幾個朋友練習演講。只要你練習的次數夠，恐懼就會降低。

上述四種方式，不管是用談的、寫的、想的或練習的，其本質都是一樣的，就是你要面對你的恐懼。唯有面對它，才有可能克服它。但是在克服恐懼的練習上，我要特別提醒一點，你應該要讓自己練習的情境是「有點恐懼但又不會太恐懼」，因爲毫無恐懼的練習是沒有效果的，而太強的恐懼練習卻又容易帶來反效果。

也許你會問，該如何得知練習何種情境才是適合的呢？其實你可以用分數來評斷你的恐懼程度，零分表示完全沒有恐懼，十分表示極度的恐懼。你應該挑選的練習情境是一至二分之間，最多不應該超過二分。

如果你挑選的練習情境很適當，你會發現它雖然帶給你壓力，但是它並不會讓你覺得負荷不了。而當你練習過以後，會發現原先害怕的事物其實並沒有那麼可怕。

心理師的快樂配方

克服恐懼的最佳辦法，就是用溫和漸進的方式不斷的面對它。

焦慮有理

接受合理焦慮，改善過度焦慮

焦慮是壞東西嗎？
如果沒有焦慮，也就沒有我們遠古的祖先，
當然就不會有現在的我們。
即使活在現代，沒有焦慮的人還是沒有辦法存活。
焦慮是我們身體的警報器，我們需要靠它保護。
但是當它失調的時候，我們就開始受苦了……

焦慮的好與壞

焦慮的好處

焦慮可以說是所有精神症狀中最有建設性的一種了。因爲焦慮可以讓人謹慎、警覺、避開危險、提高工作表現，益處相當多。

我們甚至可以說，焦慮是人類存活的必備條件之一。想像在遠古時代，有一群原始人去叢林裡打獵，不知焦慮的原始人邁開大步地走在隊伍前面，對於周遭的異聲不會感到緊張，遇到奇怪的野獸也不會害怕，當然被野獸吃掉的機率就很大；而帶著焦慮基因的人則謹慎的走在隊伍後面，任何風吹草動都會讓他受到驚嚇，當有危險發生的時候，他就能很快的逃脫。這樣的人就有機會成爲我們的祖先。

再想像一下，一個沒有焦慮基因的現代人又會怎樣呢？當我們看到電視上的車禍畫面或者親眼見到路旁的車禍，我們心裡會感到害怕，而且會警惕自己，這就是一種焦慮的感覺。當我們開車的時候，如果車速太快，心底就會升起一股恐懼感告訴自己：「慢一點！慢一點！不然很危險！」這個就是焦慮的作用。沒有這種焦慮感的人，對於開車的危險沒有警覺心，開車魯莽又高速，因此，發生嚴重車禍的機率就很高。焦慮就像警報器一樣，讓我們警覺危險的存在，促使我們調整這些行爲，否則它就一直嗡嗡作響。

焦慮的正面功用很多。譬如，讓我們不會在深夜外出遊蕩、不去複雜的場所、避開暗巷、找朋友陪伴，這種焦慮感保護我們能夠避開危險。另外，焦慮也讓我們能用功唸書以準備考試、讓我們對重要的事情事先反覆練習或計畫，這些都是因爲我們緊張、擔心失敗，因而積極努力地先做準備。

焦慮的壞處

但是，在什麼情況下焦慮會變成有害呢？請看下面的例子：

小正因爲擔心受到細菌感染，所以每天洗手上百次，不許任何人碰觸他的東西，如果有人不小心碰到，他就永遠不再使用這個東西。他不願意抱自己的小孩，因爲怕自己身上看不見的細菌會傳染給小孩。他不太敢出門，不敢去公共場合，更不敢去醫院。

這樣的焦慮過度了嗎？再舉一例。

小愛現在就讀研究所，她極度恐懼在他人面前發表談話，她擔心自己會緊張到講不出話、發抖或胡言亂語，成爲大家的笑柄。她也很擔心自己的表現會讓大家從此看不起她。而事實上，她是一個成績中等、言談表達流暢的學生。

這樣的焦慮過度了嗎？

上述兩個例子都適切的說明了焦慮爲什麼有害——他們都過度擔心一個現實上不太

會出現的危險。細菌會致病是有可能的，但是機率並沒有那麼高，小正的焦慮太過度了。相同的，在大家面前講話會出糗這也是可能的，但即使發生了也沒那麼嚴重，小愛的焦慮也太過度了。這兩個人的問題並不在於有焦慮，而是這樣的焦慮太過度了。這些容易焦慮的人就像帶著一個非常敏感的警報器，一有風吹草動就警鈴大響，這會讓當事人整天處在神經緊繃的狀態，不堪其擾。

綜合上述來說，焦慮這個警報器是很重要的，它有很多的益處。但是當它過度敏感的時候，就會讓一個人整天神經兮兮，苦不堪言。對於有這種困擾的人來說，心理治療的目標就是要降低過度的焦慮，使其焦慮程度回復到正常標準，而不是讓當事人完全沒有焦慮感。

心理師的快樂配方

焦慮是一個保護我們的警報器，它對我們是不可或缺的。對於焦慮，不應該排斥它，應該做的是，不要讓它太過度，以免干擾我們的正常生活。

焦慮的上班族

改變生活型態

緊張焦慮一定要看醫生、吃藥嗎？

不一定！

有的時候，改變生活型態可能比看醫生還有用。

生活型態與焦慮

焦慮的生活

周先生今年五十三歲，他的體型瘦小，因爲焦慮的問題已經看診很多年，也看過很多精神科醫師。但是他的情況還是時好時壞，長期的服藥並沒有解決他的問題。

他近來又開始頻繁來看診了，因爲他時常感覺腦子空白、記憶力差，也時常頭暈腦脹的。很顯然地，他的焦慮問題又變嚴重了。

我跟周先生前後共有二十幾次的會談，在這些會談當中，一定會談到他重要的成長經歷及現在的生活情況。

周先生從小就是一個很容易緊張的人，他的朋友很少，只要與人接觸他就渾身不自在，所以他主要的交際圈就是自己的家人。他從高職畢業之後就一直待在工廠當技術員，其年資已經有二十幾年了。他從十幾年前就開始看精神科門診，隨著外在壓力的轉變，他的焦慮症狀也時好時壞。

大約從兩年前開始，他的焦慮症狀變嚴重了，因爲公司方面釋放出裁員的消息，這使他常常處在驚恐的狀態。因爲他是家中主要的經濟來源，他很擔心如果他被裁員的話會影響整個家庭的生計。他常常想到的情節就是整個家庭都瓦解了，導致一家人無法生活下去。

他就一直沉浸在自己擔心的事情當中。漸漸的，他發現自己的記憶力變差，很多小事情都容易忘記。這樣的情況讓他變得更緊張，因爲他擔心記憶力差會使工作出紕漏，然後就被裁員了。而事實上，記憶力變差的問題都是他太緊張所引起的，他的腦部功能根本沒問題。如果他可以自行放鬆，這些問題就都能解決了，但是他似乎陷在一個惡性循環當中，一直跳不出來。

治療的過程

在整個治療的過程中，我花了不少時間釐清他的問題，也做過多次的放鬆訓練及系統減敏感訓練。又試著跟他討論他的認知，希望他能夠用比較客觀、理性的角度來看自己的問題，而不是想像一些可怕的情節來嚇自己。

這樣的會談進行了十幾次，但似乎一點效果也沒有。每次會談的一開始，我問他：「你這個星期過得如何？」他的回答總是：「沒有比較好」、「差不多」、「記憶力還是不好」、「還是很擔心」。

我幾乎把所能使用的治療技巧跟建議都用上了，但還是無法改善他的狀況。直到有一次，詢問他每天的生活內容，才恍然大悟爲什麼治療無法產生成效。原來，他每天的生活除了工作，就是待在家裡。他沒有休閒活動、沒有個人興趣、沒有人際互動，甚至與孩子們相聚時也沒有話聊。而當他沒事的時候，就會一直煩惱工作問題。有時是呆坐在客廳想工作問題，有時會盯著電視，但是腦中想的還是工作的問題。他可能也會躺在床上聽收音機，但是所想的依然是工作問題。工作問題幾乎占據他所有的思緒，難怪他整天都處在焦慮不安的狀況。

改變生活型態

我向他說明，這樣的生活型態必然會讓他的焦慮問題愈來愈嚴重。同時強調，他會擔心工作問題是合理的，會感到緊張也是合理的，但是他不應該讓自己整天都在擔心這個問題。我比喻給他聽，壓力就像是一個鍋爐，若一直加熱，內部溫度就會愈來愈高，壓力也會愈來愈大，你應該偶爾讓它減壓，放鬆一下，然後它才能持續的運作。否則，它就可能會爆炸了。

因此我建議他，試著每天安排空閒的時間去散步，在休假時去爬山，主動聯絡久未見面的親友，偶爾出去買自己喜歡吃的東西。我要他把這些事情當成一件家庭作業，鼓勵他要記錄自己執行的結果。

執行的第一週，他很認眞的常常去散步，也會計畫在休假時去爬山，也試著打電話跟自己的弟弟聊天。一週之後，他雖然還是覺得記憶力不好、時常頭暈，但是他的臉部表情顯得比較輕鬆了。當我們討論到他最近的一些改變時，他臉上偶爾還會出現難得的笑容。

執行第二週之後，他很難得的說到：「這個星期感覺比較好了。」這種正面的反應是以前從來沒有過的。我問他：「這個星期，你覺得哪些事情讓你比較快樂呢？」他說到比較快樂的事情是，假日跟一群同事去爬山，然後在山上泡茶聊天。他也察覺到自己以前好像太緊繃了，也不知道自己在緊張什麼。

我鼓勵他繼續從事這些讓他感到輕鬆的活動，也再次向他強調，生活中會有壓力是必然的，他應該每天安排一些活動去釋放這些壓力，讓壓力減低。也許每天都有新的壓力，但只要每天紓解一部分，壓力就不會累積，也不會感到無法承受。

雖然跟周先生會談的後期，他並無法一直穩定的進步，情況還是時好時壞，不過對這一點我並不感到意外。畢竟他的焦慮問題已經持續四、五十年了，怎麼可能在半年內完全改善呢？

不過，在這個階段的治療，他至少已經掌握到一些紓壓的方式，只要他努力改變自己的生活，相信他的焦慮問題會漸漸改善。

周先生也教了我一個很重要的觀念，生活型態跟焦慮是有很大關聯的。如果你的生活型態太過緊繃，你的焦慮問題就不太可能改善。

因此，在往後每一次的會談，不管面對什麼樣的患者，我幾乎都會問到一個問題：

「你現在每天的生活是怎麼過的呢？」

心理師的快樂配方

你現在每天的生活是怎麼過的呢？你有良好的人際互動嗎？你是否有充足的休閒？你有哪些紓壓的方式呢？如果要解決焦慮的問題，改變生活型態是很重要的第一步。

改善焦慮

放鬆技巧4步驟

焦慮的時候該怎麼辦呢？該尋求速效的藥方？還是尋求宗教的慰藉？

許多人追尋過很多方法，也嘗過不少挫折。但是焦慮不就是自己身體的緊張嗎？要解決焦慮的問題，爲什麼要向外尋求呢？

簡單放鬆法

放鬆技巧

放鬆技巧（Relaxation technique）可說是克服焦慮的必學技能，它也是系統減敏感法（Systematic desensitization）中的關鍵技巧。在市面上，可以發現到各種教授放鬆技巧的書籍，這些書籍沒有好壞、對錯之分，只要它對你有效，那就是適合的書籍。不過，在這裡我要介紹一種在臨床上常使用的方法，不但容易學習而且隨時可練習，這稱之為「簡單放鬆法」。

「簡單放鬆法」只有簡單的幾個步驟，即使你正在跟人講話、工作、走路都可以使用。但如果可以的話，我還是建議你能夠舒服的坐著或躺著，閉起眼睛來練習。

它有簡單的四個步驟：

步驟1 **稍微繃緊身上某一帶的肌肉，然後默數五、四、三、二、一。**

步驟2 **慢慢地放鬆這組肌肉，感受肌肉慢慢鬆弛的感覺。**

步驟3 **再放鬆，讓全身的肌肉都放鬆。**

步驟4 **慢慢的深呼吸二次。**

換下一個肌肉組，繼續重複以上的步驟。

你可以從握緊拳頭開始練習，然後肩膀、頸部、臉部、背部、胸部、大腿、腳趾等都是可以練習的地方。你可以用力繃緊、彎曲或者延伸肌肉五秒鐘，然後再放鬆。

如果練習一段時間後依然無法放鬆下來，那麼建議你繃緊的時候可以更用力一點。盡量使深呼吸又綿長又均勻，最好每次呼吸都長達三十秒以上。當你繃緊後要放鬆時，可以想像一些美好的景色，譬如，你正舒服的躺在海灘，或者正舒服的躺在躺椅上。

你可能有一個疑問，即爲什麼放鬆訓練一定要出力之後再放鬆呢？理由很簡單。第一，希望你能夠感受自己在緊繃狀態下與放鬆狀態有何不同。當你緊繃之後，會發現放鬆狀態是一種很不同的感覺。如果不這麼做，有的人會因爲長期的肌肉輕度緊繃而不自覺，雖然努力要放鬆，卻不知道放鬆的感覺是什麼，因此也就無從練習起。第二，當你緊繃之後再放鬆，肌肉就會處於更放鬆的狀態。這就像是你運動之後會感到身體比較放鬆一樣。

重要的提醒

最後，我要提醒各位，放鬆訓練一定需要長期且頻繁的練習。當你有緊張不安的感覺時，就練習幾分鐘、多做深呼吸。或許不久後你又開始緊張，沒關係，就再練習一次。容易焦慮的人一天練習幾十次，都是很稀鬆平常的。

許多患者在剛開始做放鬆訓練時都可以感受到良好的效果，但是經過一、兩個星期之後，就不再練習了。爲什麼呢？因爲他們還是會覺得緊張、焦慮，所以認爲放鬆技巧沒有效果。這眞是一個誤解。放鬆技巧絕不可能「根除」焦慮，它的功用只是降低你的焦慮程度，而且它的改善速度是相當緩慢的。你應該以「月」爲單位來衡量它的成效，只要這個月比上個月進步，就代表放鬆技巧是有效果的。你應該這麼想，如果焦慮、緊張感已經存在很多年了，這意謂著你的身體已經有長期肌肉緊繃的習慣，要改變這樣的習慣，怎麼可能透過一、兩個星期的放鬆訓練就達成呢？

幾乎每一位精神科醫療人員都同意，放鬆訓練對於改善焦慮是很有效果的。只不過，要讓放鬆訓練達到完全的效果，必須讓它變成生活中的一部分。你需要長時間頻繁的練習，讓身體漸漸習慣放鬆狀態，放鬆訓練就像練功夫一樣，是不可能速成的。

心理師的快樂配方

如果你想要克服焦慮的問題，記住這句話：

- 用最慢的速度，緊繃肌肉然後放鬆，做幾次深呼吸，告訴自己「放鬆，放鬆，再放鬆。」

改善焦慮

焦慮症的認知行為治療

大多數的心理治療師都承認，認知行為治療對於焦慮症有良好的療效。認知行爲治療是什麼？它又是如何改善焦慮問題的呢？

焦慮vs.認知行爲治療

焦慮的感覺

焦慮是大部分人都很熟悉的感覺，當我們處在緊張、擔心、無法靜下來的時候，即是處在焦慮的狀態中。當我們焦慮的時候，體內的交感神經系統顯得比平常激動，因此會感到精神緊繃、心跳加快、呼吸急促，有的人會感覺到雙腳發抖、暈眩、全身痳木，更嚴重的情況是，當事人可能有一種快要死掉的感覺。

這就是焦慮的感覺。

焦慮跟恐懼並不容易區分，通常，比較輕微的焦慮我們叫做「**緊張**」，比較嚴重的焦慮，我們就稱之爲「**恐懼**」。

認知治療是什麼？

當一個人焦慮的時候，腦中通常會出現一些想法（Thought）或畫面（Images），改變這些想法或畫面可能是治療焦慮的關鍵。

舉例來說，俊哲很擔心即將來臨的考試，他在腦中常常閃過的畫面就是「他看著考卷，腦筋一片空白」，他非常害怕自己在考試時出現這個情況，如果這樣子的話，他三年的努力就全都白費了。而事實上，他的考試成績一直都在班上的前幾名，而那種腦筋空白的情況也從來沒有發生過。但是這個畫面還是一直出現在他腦海中，讓他緊張到無法讀書，這個就是反覆困擾他的根源。

再舉一個例子，有一個罹患恐懼症（Phobia）的女患者，只要進到一個密閉的空間裡，就會有很強烈的不適感，她感覺自己在這個空間裡好像快要窒息了。這一個快要窒息的畫面會很自然的浮現在她的腦海中，讓她感到驚恐。因此，只要她不小心進入一個密閉的空間，馬上就會奪門而出。你可以想像，她一定無法搭乘火車或其他交通工具，更別說搭飛機出國旅遊了。

除了畫面之外，也有一些人重複出現在腦海中的是「想法」。譬如，某位有強迫症（Obsessive-compulsive disorder）的患者，當他洗手的次數不夠多的時候，腦海中就會隱隱出現「還不夠乾淨、還不夠乾淨」這句話，除非他已洗到一定的次數，否則，這句話就一直重複出現。

不管是畫面或者是想法，在心理治療裡面都統稱爲認知（Cognitions）。透過矯正這些畫面與想法而改善焦慮的過程，我們就稱之爲**焦慮症的認知治療**（Cognitive therapy of anxiety disorder）。

在典型的治療過程當中，心理治療師會請患者將腦海中一直出現的畫面或想法記錄下來，然後討論這些畫面或想法是否合理。這樣的討論過程可以讓當事人用一種比較理性、客觀的態度來看待自己。

譬如，那位擔心自己會在考試時腦筋空白的學生，心理治療師會與他一起釐清這是種怎麼樣的情形？他最擔心哪一科的考試？這樣的狀況過去發生過嗎？如果眞的發生了會怎麼樣？

當我們投入這些問題的討論後，往往發現當事人心裡面有很多不合理的恐懼，而當這些不合理的恐懼被提出來討論之後，當事人也會覺得這種擔心是不必要的，之後焦慮感就會明顯降低。這就是焦慮症的認知治療過程。

行為治療的重要性

但是，在處理焦慮症的問題上，我們不會只用認知治療，通常都會合併使用行爲治療。所謂的行爲治療指的就是像放鬆訓練、系統減敏感法等技術。

在處理焦慮症的過程中，認知治療合併使用行爲治療是很正確的選擇，因爲通常很多人都可以意識到自己的焦慮並不合理或是太過度了，但是他們的焦慮症狀還是依然存在。之所以會出現這種情況，是因爲焦慮是一種強烈的生理反應。即使一個人理智上了解事物並不可怕，但生理反應依然是焦慮的。因此，要克服焦慮問題，認知的改變跟練習放鬆可以說是同等重要的。

一位焦慮症的患者想要接受認知行爲治療，應該要做好心理準備。認知行爲治療的過程很像學習一套課程，這套課程的目的是要教導患者學習如何客觀、理性的思考，如何放鬆自己的身體。老師教導的永遠都只是一個原則與指引，眞正的學習過程需要患者自己投入心力。就算老師可以很清楚的教導各種技巧，但如果不願意投入時間練習，也無法產生太大的效用。

心理師的快樂配方

治療焦慮症的過程當中，認知治療跟行為治療同等重要。改變認知，可以讓一個人不再被一些扭曲的想法干擾，學習放鬆可以讓一個人的身體不再焦慮。兩者相輔相成，缺一不可。

克服焦慮

焦慮剋星（系統減敏感法）

許多人會有過度的恐懼，這些恐懼通常持續多年。
要克服這些恐懼，一定需要用循序漸進的方式，
太急速的面對恐懼往往會帶來反效果。
在心理治療的領域，
這種由淺入深面對恐懼的技術，稱之爲系統減敏感法。

系統減敏感法

焦慮就是緊張，而克服焦慮最好的方法大概就是系統減敏感法（Systematic desensitization）了。

系統減敏感法就是將你感到恐懼的事物有系統的分成很多層級，然後由淺入深逐一去面對。面對的方式可以透過想像，也可以身歷其境。但在面對焦慮之前，你需要學習

一些放鬆技巧。（請參見第一六九頁〈放鬆技巧4步驟〉一節）。

舉例來說，有位高中生考前總會非常焦慮，焦慮到吃不下、睡不著，甚至一直想要休學。實際上，他在班上的成績向來都是前三名。這時候，系統減敏感法就非常適用。治療者把他焦慮的層級分出來，分數愈高表示焦慮愈強烈。請見下表：

10**分**	想像前往考場的路上	（治療後10→9）
9**分**	想像作答的過程	（治療後9→8）
8**分**	想像站在教室門口等候進場	（治療後8→7）
7**分**	想像考試的前一天晚上	（治療後7→6）
6**分**	想像距離考試還有一天	（治療後6→5）
5**分**	想像距離考試還有兩天	（治療後5→4）
4**分**	想像距離考試還有三天	（治療後4→3）
3**分**	想像距離考試還有四天	（治療後3→2）
2**分**	想像距離考試還有一個星期	（治療後2→1）
1**分**	想像距離考試前兩個星期	（治療後1→0）

這樣的焦慮層級每個人的評分都不同，因此，一個版本並不適用所有人。要建立適合的焦慮層級，最好的方式就是讓當事人自己評分。

當焦慮層級建立之後，我們選擇1分的焦慮情境開始練習。

1. 開始讓自己保持一個輕鬆的姿勢，或坐或躺都可以。閉上眼睛，心情放輕鬆。
2. 接著開始逼眞的想像焦慮事件的情境來引起焦慮，想像焦慮事件十至十五秒。然後中止想像。
3. 如果你感覺到身體有輕度的焦慮反應，就放鬆自己的身體直到完全沒有焦慮反應（如果身體並沒有焦慮的感受，就進行更高層級的焦慮情境練習）。
4. 重複上述2.至3.的步驟。

當焦慮層級由1分焦慮降到0分焦慮時，你就像是爬上1分的階梯一樣，原本2分的焦慮會降到1分，原本3分的焦慮會降到2分，以此類推。

這時候，你就可以選擇高一層的焦慮情境，重複上述的練習了。

之所以要從1分的焦慮情境開始練習，主要是因爲如果你所選擇的焦慮層級太強，即使一再的面對它，你的焦慮也不太會消失。這是因爲生物的本性就是如此，這也是系統減敏感法的核心精神：

生物重複地暴露在輕度的焦慮事件中，生物將會習慣此焦慮事件。隨後引發的反應是——相近性質的焦慮事件引起的焦慮將會隨之降低。

要克服心中的焦慮，唯一不變的法則就是面對它。系統減敏感法讓你可以溫和漸進的面對你的焦慮與恐懼。只要你不逃開，會漸漸地發現你原本很擔心的事物其實並沒有那麼可怕。

心理師的快樂配方

如果你有一些恐懼長期都無法消失，建議你用系統減敏感法去克服它。把你所恐懼的事情分割成很多層級，由淺入深的排列，然後從淺的層次克服起。你可以運用想像，想像你所恐懼的事物，當你的恐懼被引起之後，你就放鬆自己，直到完全沒有恐懼。當你重複做這樣的練習，你會對這個事物變得完全不會恐懼。這時候你就可以練習更高的層級了。

克服焦慮

習慣化原理的系統減敏感法

系統減敏感法之所以有效，
是因為我們跟其他動物一樣都有「習慣化」的現象。
這種習慣化的現象非常普遍，
每一個時刻都在你身上發生，也在各種動物身上發生。
善用這個原理，你就掌握一個克服焦慮的利器了。

習慣化 vs. 系統減敏感法

習慣化原理

大多數的人都有這樣的經驗，即當我們進入某一家餐廳，一開始會覺得相當吵雜，但是當我們在餐廳裡坐了二十分鐘以後，會感覺到周遭的環境變得不那麼吵了。我們好像習慣這個環境了。這種現象在生物學上稱爲「習慣化」（Habituation），我們的腦部會在一些無害的刺激重複出現之後，選擇去忽略、鈍化它們。這樣的習慣化現象不只出現在聽覺，也出現在嗅覺、視覺、觸覺、味覺等感官上。

習慣化的現象在各種生物體上都可以看到，在低等的生物如蝸牛，在高等的生物如人類。當我們遇到一些無害的刺激時，一開始我們可能很焦慮，但漸漸地，反覆多次面對這樣的刺激後，我們的焦慮就降低了。譬如，有個人本來很害怕上台報告的場合，但是當他一再上台報告而又表現正常的時候，他的焦慮就會漸漸地降下來。這就是焦慮的習慣化現象。

但是有一個問題，既然人類身上有「習慣化」的現象，那爲什麼我們對某些事物會有長期的恐懼感呢？譬如有的人怕蟑螂、有的人怕高、有的人怕陌生人等。這些人的恐懼可能持續數十年，這是怎麼回事呢？爲什麼他們不會習慣化？理由有兩點：

沒有眞正面對刺激，就不會有習慣化的歷程

很多人面對會引起焦慮的事物時，採取的因應方式就是逃避。一旦你逃開你所焦慮的事物，就不可能引發習慣化歷程。我曾在會談的經驗中遇過一位很怕蛇的女士，只要

是蛇有可能出現的地方，她就不想去。她不敢走進院子、不敢去郊區，即使知道學校的草皮相當安全，她也不敢踏進去。對蛇的恐懼甚至讓她不敢看電視、報紙，因為偶爾會出現關於蛇的畫面。而她的恐懼已經持續十幾年了，為什麼不會習慣化呢？

這就是因為當事人根本沒有引發習慣化的歷程，她不斷地逃避任何與蛇相關的刺激，當她看到蛇的圖片時，第一個反應就是尖叫一聲，然後把報紙丟開。這樣的過程連刺激都不算，因此根本就不會引起「習慣化」歷程。相反的，因為逃避這些刺激，她反而變得更加害怕，因為每一次的逃避行為都在增強一個信念「蛇真的很可怕，我一定會受不了的。」所以，就難怪她對蛇的恐懼會持續十幾年了。

引發恐懼的事物有些是本身具危險性，因此不易引起習慣化歷程

記得前文曾提到的習慣化的定義：「我們的腦部會在一些無害的刺激重複出現之後，選擇去忽略、鈍化它們。」因此，引起習慣化歷程的前提是刺激必須是無害的。如果事物本身具有危險性，往往很難引起習慣化的歷程。

所以，了解上述兩點後，就可以知道為什麼有些人對某些事物的焦慮，經年累月都不會消失。

系統減敏感法的步驟

要克服長期的焦慮，我們也需要從這兩點著手。系統減敏感法就是一個很好的選擇。系統減敏感法將一個人焦慮的事物分成很多層級，然後從最簡單的層級開始練習面對。因爲是從最低的焦慮層級開始練習，因此當事人不會覺得很恐懼，也不會從這樣的練習中逃開。因此，系統減敏感法可以讓當事人逐層地練習，直到克服最強的焦慮層級。而建立焦慮層級的方式也可以跟當事人充分討論，不要列入一些眞正具有危險的層級（譬如想像與一條毒蛇共處一室）。

一旦患者面對的刺激不太強而且又無害，持續的面對就可以引起習慣化的歷程了。以怕蛇的個案爲例，我請當事人從閉起眼睛想像遠方有一條死掉的小蛇開始，漸漸地加深焦慮的層級。從小蛇關在身旁的籠子裡、跟小蛇共處一室……，到在手臂上把玩一條無毒的蛇。這樣漸進的方式才有可能消除她對蛇的強烈恐懼感。

過度焦慮的問題在精神科門診是很常見的，我們看到人們過度害怕的事情很多，有的怕搭飛機、有的怕細菌感染、有的怕某些昆蟲或動物、有的怕上台演講等，不管你過度害怕的事物是什麼，重複的面對它是唯一的解決方法。至於要怎麼面對呢？系統減敏感法是我最推薦的。

心理師的快樂配方

對於你所焦慮、害怕的事物，你要試著讓自己漸漸去習慣它，你就能夠克服它。至於要怎麼習慣它？那就是把你害怕的事物分成很多層級，先從淺的練習起，淺的習慣了，就進到深一層的。循序漸進，直到完全克服。這就是運用習慣化原理來進行系統減敏感法。

恐慌症

學習減少焦慮，改變錯誤認知

恐慌是一種強烈的焦慮表現，
它會讓當事人感覺非常難過，像快要死了一樣。
恐慌症乍看之下很嚴重，
但是它是一個雷聲大、雨點小的疾病。
如果當事人不會被它嚇到，他就踏出復原的一大步了。

面對恐慌症

恐慌症的病因

對不少恐慌症（Panic disorder）患者來說，恐慌發作（Panic attack）是一種很恐怖的經驗。其症狀可能會心悸、發抖、呼吸困難，也可能會胸痛、噁心、腹部不舒服，會感到自己

不太像自己，好像快死掉的樣子。但這些身體症狀的根源只有一個，即焦慮（Anxiety）。

恐慌症是一種強烈的焦慮表現，它與先天的體質有關，也與後天的學習有關。一位典型的恐慌症病患大概如以下所描述：

患者天生就具備比較容易緊張的性格，一點小事也會讓他擔心很久。當他長大之後，生活中壓力事件逐漸增多。

當壓力累積到一定程度時，可能會引起第一次恐慌症發作，其發作的程度可能非常嚇人，患者會擔心自己是否罹患重大疾病，也擔心是否會再一次發作。很多恐慌症患者因爲恐慌發作而有多次急診的紀錄。

漸漸地，患者對於自己身體的感受變得異常敏感。可能會因爲自己心跳稍微加快或頭部輕微暈眩而引發強烈焦慮，這種強烈焦慮會反過頭來引起眞正的恐慌發作。

患者恐慌發作的次數頻繁，愈來愈擔心自己會在某一次發作中暴斃。到最後，患者變得不敢出門，因爲擔發作時心無法求救。因此整天都待在家裡，而造成了懼曠症（Agoraphobia）。

恐慌症的治療

至於恐慌症的心理治療方法，就是針對恐慌症的主要病因做處理：

1. 長期的焦慮：恐慌症患者往往先天就具有容易緊張的性格，如果後天又接連面對壓力事件，就會讓身體處在焦慮狀態。這樣的焦慮狀態可能會引起恐慌發作。因此，針對長期的焦慮問題，我們必然會要求患者勤練放鬆技巧、做深呼吸，因爲這可以直接降低焦慮。至於在生活型態上，我們鼓勵患者要有充足的休息、多運動、建立良好的人際關係。

2. 錯誤的認知：恐慌症患者對各種身體的感覺都過度敏感。當他感覺心跳稍快，就很擔心是否會心臟病發作；頭暈就很擔心是否會腦中風；輕微的焦慮症狀就會讓他擔心是否恐慌症又發作了。事實上，這些強烈的擔心反而更容易引起恐慌發作。

比較常見的現象是，不少恐慌症患者常常會過度換氣（Hyperventilation）而出現暈眩感，當患者把這種暈眩感認定是恐慌發作的前兆時，心情就會變得更焦慮，這就有可能引發眞正的恐慌發作。

針對錯誤認知的問題，我們會鼓勵患者用一種比較健康的心態看待自己，偶爾的頭暈、胸悶沒什麼大不了。這種症狀一般人都會有。患者應該要學習告訴自己，這些焦慮的症狀是不會有危險的，它們大概在一、二十分鐘之後就會完全過去了。此時需要做的就是信任醫師的診斷，放輕鬆、深深的深呼吸。

心理師的快樂配方

要克服恐慌症，你應該要學習改善兩方面的問題：

- **學習減少焦慮**——特別建議充足的休息、多運動、建立良好的人際關係。勤練放鬆技巧也是很重要的。
- **改變錯誤的認知**——不要被恐慌症那麼強烈的症狀所嚇到了。要信任醫師的診斷，放輕鬆、深深的深呼吸。

強迫症

接受強迫症的心理治療

強迫症是一個帶著謎樣色彩的疾病。
患者腦中會重複出現一些奇怪的想法，
這些想法連當事人自己也覺得很沒意義，但就是忍不住會去想。
某些患者則會出現強迫性行爲，會重複做一些多餘的動作，
自己想停也停不下來。到底是爲什麼呢？

強迫症的病因與治療

強迫症的病因

想像有個邪惡的法師對你施一個魔咒，他說：「如果你在今天之內想起『谷那塔』這三個字，那麼將會有血光之災。想得愈多，血光之災愈嚴重。」試問，如果你眞的很

擔心他的魔咒會成真，那麼你今天想起「谷那塔」的機率有多高呢？如果要我猜的話，我會猜百分之百。而且你愈害怕，想起「谷那塔」的次數就愈多。

爲什麼會這樣呢？本來這個人是不太可能會想起「谷那塔」的，爲什麼施了魔咒之後就會讓他一直想呢？其實，這個心理歷程是很簡單的。想看看，當一個人相信想到「谷那塔」三個字就會帶來危險的時候，在他的潛意識裡會怎麼想呢？那當然是「千萬不要想起『谷那塔』三個字。」對不對？但是，當腦中不斷地提醒自己「千萬不要想起『谷那塔』三個字」的時候，「谷那塔」三個字是不是就出現在腦海中了？所以，你的潛意識愈是告訴自己千萬不要想起「谷那塔」，就會發現「谷那塔」三個字一直占據在你的腦海中。

強迫症（Obsessive-compulsive disorder）患者的內心世界也跟上述的例子一樣。患者會不斷地擔心腦海中出現的想法，那些想法可能是「危險」、「污染」、「性」、「暴力」等可怕的想法或畫面。譬如：

小麗一直擔心自己會拿刀殺死自己的小孩，血腥可怕的畫面一直在她腦海中出現。她害怕到藏起家中所有的利器，並且不敢再抱自己的小孩。但事實上，她是一個很溫和、會壓抑自己的人，從來不曾有暴力或失控的行爲。

這個婦女被診斷爲強迫症，她的心理歷程就像被施加魔咒的人一樣，很擔心自己會做出恐怖的行爲，因此潛意識裡不斷地提醒自己千萬不可以出現這些行爲。但是這些重複的提醒，恰好不斷地激起那些可怕的畫面，所以她的腦海中就整天充斥著殺死小孩的畫面。

這種重複出現的想法稱爲強迫性思考（Obsessional thoughts），這是讓強迫症患者深感痛苦的症狀之一。

讓強迫症患者痛苦的症狀之二是強迫性行爲（Compulsion），強迫性行爲往往跟強迫性思考有重大的關聯。這些強迫性行爲的特徵是，當事人明明知道所做的行爲是過度而且沒有意義的，但還是忍不住衝動想要去做。

以上述提到的個案爲例，當小麗開始想到這些可怕的畫面時，她發現洗手會讓她好過一點，好像暫時不會想到那些畫面。因此，當她想到這些畫面的時候，於是她就一直洗手，她甚至覺得一定要洗到一定的次數，那些可怕的畫面才不會眞的發生。因此，她每次洗手都要搓洗固定次數，每天洗手上百次，即使雙手已經洗到過敏脫皮，還是忍不住要洗。這就是一種典型的強迫性行爲。

綜合來說，強迫症包含兩大類症狀：一種是強迫性思考，一種是強迫性行爲。只要有這兩種問題的其中一種，就符合強迫症的診斷。但是，單純只有強迫性思考或行爲的人並不多，大部分的患者都同時存在強迫性思考跟強迫性行爲。

強迫症是焦慮症的一種。簡單來說，這個疾病的本質就是因爲當事人有一個過度焦慮、敏感的腦部活動。

當某一些可怕的畫面出現時（譬如嬰兒遭受意外傷害），一般正常人可能會感到輕微的焦慮，並且過後就忘了。

但是有強迫症的人會一直記住這個畫面，非常擔心事情會成眞，因此，他不斷地在腦海中提醒自己要避免這個事情。但是因爲重複的提醒，反而導致這些可怕的畫面滯留在腦海中，這就形成強迫性思考的症狀。

而當這個人漸漸發現做某些事情可以讓自己的焦慮降低時（譬如洗手、檢查東西），他就會逐漸發展出強迫性行爲。請見下頁的流程圖：

強迫症患者的心理歷程

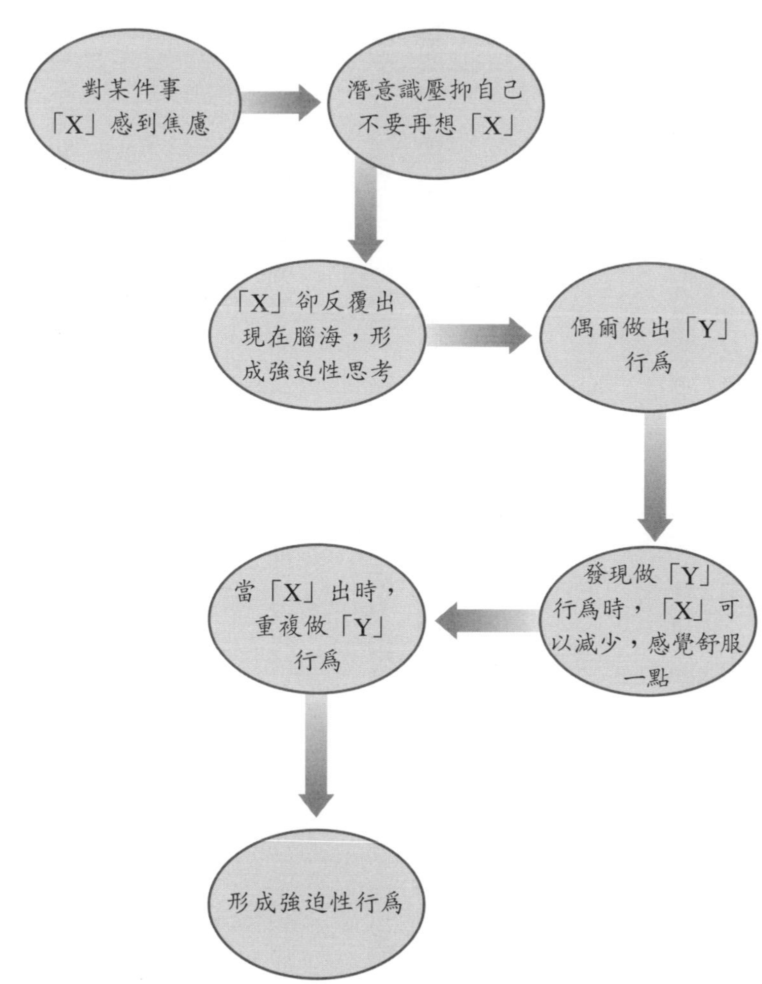
對某件事
「X」感到焦慮
潛意識壓抑自己
不要再想「X」
「X」卻反覆出
現在腦海，形
成強迫性思考
偶爾做出「Y」
行爲
發現做「Y」
行爲時，「X」可
以減少，感覺舒服
一點
當「X」出時，
重複做「Y」
行爲
形成強迫性行爲

以一個簡單的比喻來說，「強迫性思考」就像一團燃燒的火一樣，底下的木材就是「焦慮」，而上面的煙就是「強迫性行爲」。木材是火的根源，煙是火的延伸。

強迫症的治療

要改善強迫症，需要掌握下列兩項大原則：

1. 不要害怕那些畫面與想法，也不要去壓抑。這樣只會讓強迫性思考的症狀更加嚴重而已。

2. 當強迫性思考出現的時候，如果用強迫性行為讓自己好過一點，只是讓問題更複雜而已。要解決根本的問題，需要從「減輕焦慮」著手。

正確面對強迫症的人會是怎麼樣的呢？當他腦海中出現一些可怕的畫面或想法時，就告訴自己：「這些想法都是因爲我太擔心所致，其實我並不會做出這些行爲。」他並不去壓抑這些想法，也不怕想到它。接著他告訴自己：「我現在一定是太緊張了，我要讓自己放鬆下來。」然後他重複的做放鬆技巧的練習、閉起眼睛做深呼吸，讓自己的心情平靜下來。他讓自己完全投入在放鬆身體的過程中，不讓自己去做強迫性行爲。

漸漸地，他學會只要強迫性想法一出現，就練習放鬆的技巧、深呼吸，直到那些想法不再困擾他。他每天練習放鬆技巧的次數可能高達數十次。

試想，火焰如果少了木材的時候，要如何繼續燃燒？而如果沒有火的話，哪裡會有煙呢？所以，強迫症患者如果可以將焦慮降到很低，強迫性思考及行爲就不會出現了。

心理師的快樂配方

強迫症的嚴重程度差異很大，有的患者症狀輕微，不太會受到強迫症的干擾，因此稍做調適之後就可以良好生活。有的患者症狀嚴重，強迫症明顯的干擾他的生活，即使努力的想要克服問題，但是症狀還是愈來愈嚴重。

強迫症是一個有明顯生理基礎的疾病，要靠自我的力量來克服問題並不容易，建議你如果有疑似的疾病應該要提早尋求精神醫療協助。

屬於你的

快樂配方

年

月

日

心情

第5篇 憂鬱

當心情憂鬱時，總是會有一些負面的想法不斷出現，
應該學著將這些想法記錄下來，
讓內心的正義律師為自己發聲，反駁那些憂鬱想法，
列出有利於自己的論點，
藉由內心的不斷上訴，直到大獲全勝的那天。

〔 負面想法 〕
〔 生活不快樂 〕
〔 生命不滿意 〕
〔 憂鬱症 〕

憂鬱有理

正常憂鬱與病態憂鬱

憂鬱一定是病態的嗎？
人如果遇到了悲傷的事情而悲傷，這不是非常合理嗎？
到底在什麼樣的情況下，
憂鬱才會變成憂鬱症呢？

正常的憂鬱 vs. 病態的憂鬱

正常的憂鬱

「憂鬱」是正常的嗎？我認爲是的。當你的親人生病、當你失戀、當你的學業及工作不順，出現憂鬱的心情是很正常的。

也許你會問，那這是不是憂鬱症呢？這還不能算是！甚至，在這種處境下，憂鬱才是最正常的反應。試想，如果有一個人的母親過世了，而隔天卻可以開心的出去玩，這不是很反常嗎？如果某人努力多年的工作或學業遭受重大的失敗，隔天卻能夠神采奕奕的重新開始，這似乎也很奇怪。

所以，即使我們不看醫師、不看心理健康書籍，也都有一種直覺，即憂鬱有時候是很正常的反應。而有的時候，當我們心情鬱悶時，靜靜的面對它，不做任何反應，反而是最好的處理方式。

病態的憂鬱

在什麼情況，正常的憂鬱才會轉變成憂鬱症呢？請看以下兩個例子：

- 有一位中年婦女，回顧自己過去幾十年的人生，她覺得自有記憶以來就過得不快樂，感覺痛苦與煩惱的事情很多、很深刻，快樂的事情則很少、很短暫。這種長期憂鬱的狀態正常嗎？
- 一位高中生因爲考大學成績不理想，連續一個月都把自己關在房間裡，不僅吃得少，也不跟家人講話。他還會撞牆、拿銳利物品自殘，在日記中重複寫著「想死」。這種憂鬱的反應正常嗎？

大多數的人都會認爲這兩個人的憂鬱超出正常的範圍，他們都需要協助。而事實上，上述兩個例子也都符合憂鬱症的診斷。

那麼，正常的憂鬱跟病態的憂鬱其界線到底何在呢？

簡單來說，當你遇到人生的困境，憂鬱是一種正常的反應。但是當你憂鬱的時間長達數年，或者當你憂鬱的強度讓你痛不欲生時，這樣的憂鬱就不正常了。

當然，總是會有一些人對心理醫師說：「我根本沒有得到什麼鬼憂鬱症，我只是覺得人生活著很痛苦，想要一死了之，不然你是想怎樣？」其實治療者的想法很簡單，就是希望你快快樂樂的活著，這是我們的職責。

心理師的快樂配方

讀者可利用以下兩個表格，自我分析是否有憂鬱症的傾向，但此結果無法判斷是否患有憂鬱症。讀者若自覺有強烈的憂鬱情緒，仍需求助專業治療師。

你有憂鬱症嗎？

請根據你最近兩個星期的情況，回答下列10個問題：	沒有	偶爾	常常
1. 容易感覺心情難過、沒有希望或沒有用。	0分	1分	2分
2. 覺得對不起別人、有罪惡感。	0分	1分	2分
3. 有自殺的想法或計畫要自殺。	0分	1分	2分
4. 睡不好。	0分	1分	2分
5. 平時的表現突然間變差很多（例如工作、學業……）。	0分	1分	2分
6. 常常無精打采或易怒。	0分	1分	2分
7. 注意力、記憶力變差很多。	0分	1分	2分
8. 煩躁不安。	0分	1分	2分
9. 吃不下東西或者常常暴食。	0分	1分	2分
10. 對以往喜愛的事物失去了興趣。	0分	1分	2分

測驗結果分析

〔總分11～20分〕：你很有可能已經罹患憂鬱症，建議你應該要尋求精神醫療或心理諮詢的協助。

〔總分5～10分〕：你目前已經有一些憂鬱的症狀。建議你應該提早注意自我情緒，以免問題惡化。

〔總分0～5分〕：恭喜你！你目前的情緒尚在正常範圍。

怎麼自我檢查憂鬱程度正不正常呢？

請根據你最近兩個星期的情況，回答下列10個問題：	是	否
1. 周遭親人、朋友都覺得我太悲觀了。	0分	1分
2. 我常會有自殺的想法。	0分	1分
3. 我感覺我的心情不好已經很久了。	0分	1分
4. 我覺得我的心情好像愈來愈差了。	0分	1分

測驗結果分析

〔總分1～4分〕：你的憂鬱程度已經不正常的偏高。

〔總分　0　分〕：你的憂鬱程度尚在正常範圍。

憂鬱想法

瓦解不合理的想法

許多人有一種誤解，
認為憂鬱症的人就是想太多、生活太閒了。
這樣的話不只缺乏理解，也充滿傷害。
憂鬱症的確跟心理因素有關，但是憂鬱症絕對不是想太多了。
患者也很希望不要再想，但腦中憂鬱的想法還是一直出現。
如果是你，你會怎麼辦呢？

憂鬱的想法

大多數的精神科醫療人員都承認，憂鬱症與悲觀性格有很大的關係。從心理學的角度來看，改變悲觀性格是治療憂鬱症的關鍵。

一個具有悲觀性格、負面想法的人，是如何思考事情的呢？舉例來說：

- 小眞會因爲將車禍受傷的父親送往醫院急診後死亡而感到自責。
- 小祥自覺體型太胖，像豬一樣，任何人見了都覺得噁心。
- 小王自覺已三十幾歲卻一事無成，也沒有任何專長，活著只會造成家人的負擔。

上述的例子都是一種憂鬱的想法。你可以觀察到，這些憂鬱的想法並不是完全沒有根據的。小眞決定將父親送往那家醫院，的確是造成父親死亡的部分原因；小祥體型過胖的確會招致一些人的嫌惡眼光；小王找不到工作，在經濟上的確要依賴家人。

這些憂鬱的想法雖然都是有根據的，但病患往往都想得太過極端與絕對了。譬如：

- 小眞把父親的死完全歸咎於自己，卻忽略肇事的人才是父親死亡的主因。同時，他決定將父親送往那家醫院，因爲那是距離最近的一家大型醫院。雖然急救不成功，但這樣的決定是合理的。
- 小祥認定所有人都因爲他的身材而嫌惡他，卻忽略了許多人會伸出友誼的手。
- 小王只想到自己目前沒有工作又沒有專長，卻忽略了自己還年輕，如果肯學習、肯努力，要再找到工作並不困難。

所以，從以上幾個例子可以概略地刻畫出憂鬱症患者內心的問題——他們把生活中遭遇到的不幸、困難、自我缺陷等原因通通指向自己，內心不斷地想著「都是我的錯」、「我真是沒用」、「我只是別人的負擔」、「如果我死掉就好了」……。

如果一個正常人擁有憂鬱症患者的思考模式，他們也容易變得憂鬱。試想，當考試不順利，你想的是：「我真是家人的負擔，已經二十幾歲了，還無法自力更生，我根本是個廢物。」這樣的你能夠不憂鬱嗎？當你感情受挫，如果你心裡想：「大概沒有人會喜歡我吧！我天生就是個怪胎，不適合生活在人群中。」這樣不會憂鬱才怪。

心理師的快樂配方

當你心情憂鬱的時候，你的腦中必然有一些想法不斷的重複出現。這些想法就是你憂鬱的主因。你應該把這些想法記錄下來，去質疑這些想法是否合理。一旦你可以瓦解這些不合理的想法，你的心情就會有明顯的改善。

負面想法

挑戰負面的4大問題

憂鬱症的核心病徵簡單來說，就是悲觀的想法。患者腦中會不斷出現一些自責、自貶的想法，不管患者再怎麼努力，這些想法就是無法消除。這樣的痛苦可能比死還要難過。這些悲觀的想法眞的無法消除嗎？憂鬱症眞的不能完全康復嗎？

內心的爭戰

檢察官指著犯人說：「就是他，他就是犯罪的人，根本不需要證據，一切都非常清楚。」辯護律師沉默著。檢察官又說：「因爲他在現場，而且看起來就像個犯人，所以一定是他做的。」辯護律師鐵青著臉，但依然沉默著。法官很快的做出結論：「這個人有罪，該死！」

這是一場愚蠢又乏味的鬧劇。但是這樣的劇情卻在許多憂鬱症患者的心裡不斷上演著。憂鬱症患者的內心深處都有一位偏激的檢察官跟一位無能的律師。檢察官常常說：「都是你害的」、「你什麼事都做不好」、「你這輩子完蛋了」、「你只是在拖累別人而已」、「根本沒有人在乎你」、「你糟透了」……。而律師只是一味的沉默著。如果你是法官，會怎麼判決呢？當然是判檢察官贏，對吧？這就難怪憂鬱症患者會憂鬱了。因爲他們內心有太多負面的想法在攻擊他，但是內心的律師卻一點辯護能力都沒有，當然他們會覺得自己很糟糕、未來沒有希望了。

如果要讓自己從憂鬱的情緒中走出來，必須讓內心的律師有能力去質疑、反駁檢察官對你的指控。你內心的律師愈強悍，你被憂鬱打敗的機率就愈低。這種反駁內心的憂鬱想法、替自己辯護的過程，心理學上稱爲「認知重建」（Reframing of cognitions），而心理治療的技巧則稱爲「認知治療」（Cognitive therapy）。請看以下的例子：

有位年輕人因爲失戀而飽受內心負面想法的指控：「你的家庭環境那麼差，怎麼配得上她？」「你只不過是個廢物！」「你能夠給人家什麼呢？什麼都沒有！」「根本沒有人會喜歡你！」

如果這位年輕人內心裡的律師什麼話都不講，這些負面的想法就會不斷地攻擊他，讓他的心情跌到谷底。但是如果律師針對這些負面的想法提出反駁：「雖然我家裡很窮，但是以後未必會窮啊！」「『廢物』的定義是什麼？我能夠讀到大學，怎麼會是個廢物呢？」「我的知心好友就覺得我不錯啊！」

當你開始質疑、反駁這些負面想法的時候，就代表你要走向復原了。但是必須要有心理準備，檢察官通常不會輕易放棄攻擊的，他可能會進一步的說：「你唸的科系那麼差，畢業後能做什麼呢？」「雖然你讀到大學了，但畢業就等於失業，有什麼用呢？」「你雖然有知心好友，但是他們有女朋友啊！哪像你，根本沒有女生想跟你交往。」

律師不應該因爲檢察官的再次攻擊就退縮，他要縝密的思考對方論點的漏洞，並且找出有利於自己的證據：「雖然我讀的是冷門科系。但是我現在才大二，如果開始規劃未來，還是會培養出自己的專業能力。」「並不是沒有女生想跟我交往，而是有一些機會我拒絕了。如果我願意接受，也是會有女朋友的。」「那個女生不想跟我交往，是因爲她沒眼光，看不到我的潛能。」

像這種律師與檢察官的辯論可能要來回無數次，你才能夠學會該如何反擊檢察官，讓那些憂鬱的想法無法再傷害你。

律師在內心裡一定要記住四大原則：

- 不要輕易地接受指控。（譬如：爲什麼我是一個廢物呢？）
- 不斷地要求提出證據。（譬如：有什麼證據可以支持嗎？）
- 不斷地質疑證據的有效性。（譬如：這樣子就能證明我是一個廢物嗎？）
- 不斷地找反例來推翻對方的論點。（譬如：可不可能有一個人，他雖然符合你所描述的情況，但是他並不是廢物？）

所以，當你被這些負面想法攻擊時，別靜靜承受，把這些在內心裡攻擊你的想法寫下來，然後讓內心的律師出庭，找出這些論點的漏洞，並列出有利於自己的證據。你要重複的練習這些過程，直到內心裡的律師大獲全勝爲止。至於檢察官，他一定會不斷地上訴，你要有長期抗戰的準備。

心理師的快樂配方

如果你的內心常常出現負面的想法，記得把這些想法一一的列下來。然後用四個問題去挑戰這些想法：

- **不要輕易地接受指控。**（譬如：為什麼我是一個廢物呢？）
- **不斷地要求提出證據。**（譬如：有什麼證據可以支持嗎？）
- **不斷地質疑證據的有效性。**（譬如：這樣子就能證明我是一個廢物嗎？）
- **不斷地找反例來推翻對方的論點。**（譬如：可不可能有一個人，他雖然符合你所描述的情況，但是他並不是廢物？）

你會發現，有太多在攻擊你的想法，都是證據薄弱、很情緒化的。

遇到低潮

保持基本動力，維持正常活動

當你走進憂鬱期的時候，你該怎麼辦？
如何讓自己的生命不會熄火，
可以不斷的向前邁進呢？

走出幽谷

當你因爲憂鬱而有類似生活癱瘓的感覺時，千萬要記得讓自己維持一些基本的日常活動，不要完全停擺。其理由有兩個：

第一、當你完全停止各種活動的時候，很必然的，整天的生活重心就是待在家中。漸漸地，你會感覺更空虛、更孤獨，然後你的憂鬱症狀就會更嚴重。

第二、當你完全停止各種活動時，原本一些可以讓你有點快樂、紓解壓力的方式也都被停止，你所累積的壓力、不快樂的感覺愈來愈多，自然地情緒就會變得更糟。

如果你眞的因爲憂鬱而對任何事情都提不起興趣，那就每天抽出一點時間散散步吧！傍晚的時候，找個安靜的地方散步半小時，心情就會好一點。如果你還有精神，就把內心煩惱的事情一一寫下來，了解自己憂鬱的原因。如果有信任的親友，打個電話與他們聊一聊，你會發現有人傾聽與關心的感覺很好。

在許多情況下，很多人面臨的困境不是馬上可以解決的，如果你因爲眼前煩惱的事情還沒有解決，就不願意從事其他事物或休閒活動，那麼你的生活就會變得更糟糕。

打個比方，當你處在憂鬱的階段，就像把車開進泥巴地一樣，如果你因爲前進速度緩慢而悲傷，因此關掉引擎停下車，坐在車上哭泣，那麼車子就更難離開那塊泥巴地了。但是如果你不關掉引擎，而是讓車子慢慢的往前推進，車子總有一天會離開那塊泥巴地的。

所以，當我們遇到了人生的困境時，第一步當然是卯盡全力去解決這個困境。而當我們發現這個困境無法在短期內擺脫的時候，就應該增加自己紓解壓力的管道，讓自己的情緒可以維持在比較平穩的狀態。

這樣的生活雖然還是不快樂，但是也不至於讓你感覺無法忍受。你可以維持這種輕度不快樂的生活，期待未來有所轉變。

許多人總是在遇到低潮時，就把各種日常的活動都停止，這樣只是讓整個情況更糟糕而已。我的建議是，當你遇到低潮時，也許可以停止某部分壓力太大的活動，但是你的人際互動、休閒活動、未來規畫千萬不要停下來。維持這些基本的日常活動，讓你的引擎不斷運轉，才能很快的走出這個幽谷。

心理師的快樂配方

如果你走進了憂鬱期，感覺身心都無力，建議你還是要勉強自己做一些活動。散散步、寫寫東西、跟親友聯絡，這些都是很好的紓壓方式。當你可以維持基本的動力向前邁進時，你才有機會走出這個幽谷。

失意人生

讓生活充實，感受人生意義

人生的意義到底是什麼？
這一個問題已經被哲學家討論幾千年了，
現代的我們依然受困在這個問題當中。
憂鬱症患者特別容易想到這個問題。
這個問題有答案嗎？
它是有答案的，只是沒有一個固定的答案。

人生的意義

我曾經與一位年約二十幾歲的年輕男子會談，他的眉頭深鎖、重複說著：「覺得活著很沒意思。」經過幾次會談之後才知道，他去年因爲遭公司同事排擠而有兩次自殺的記錄，而今年離職之後，他就一直待在家裡沒外出工作。

他每一天的生活就是，早上醒來就待在房間看電視，肚子餓了也懶得外出吃東西，偶爾最大的活動就是騎著摩托車去超商買飲料。於是他就日復一日地看電視、睡覺、再看電視，整天都窩在房間裡。

我心想：「難怪他會覺得人生沒有意義！」因爲這種生活實在太無聊了。

許多人總是會問：「人生的意義是什麼？」因爲有些人認爲：「活著沒有意義」、「不知道爲什麼活著」。我認爲，要解開這個問題，以哲學的角度思考是沒有幫助的。因爲這個問題已經被提出兩千多年了，有無數的先知哲人在思考它，但是並沒有一個類似科學準則的答案出現（如果有的話，那麼應該所有的人都可以理解並感受到它）。由此可推論，生命的意義應該不是一種可以從理智上獲得的東西。

但是從另一面來看，我們也不能否認，的確有不少人覺得人生有意義。譬如，有一群人透過宗教、對他人投注情感、生活的目標、對世界的好奇、對美與善的追求等，而感覺人生充滿意義。雖然這群人認同的事物各有不同，但是他們都對生命充滿熱情。

因此，回顧過去，我們可以得出一個結論，假如一個人要找尋生命的意義，不應該在一個單調、乏味的生活中苦思，因爲這樣的生活本身就沒有任何意義。

在單調、乏味的生活中找尋意義，就像是到一個乾枯的水池抓魚一樣，根本就沒有成功的機會。一個人如果要找尋生命的意義，應該先充實自己的生活，讓自己熱中於某些事物（不管是宗教、人際、好奇、美、善……），生活改變了，提出這個問題才可能得到答案。

回到前文提到的男子，他接受我的建議，試著改變自己的生活型態，不久之後，他找到一份穩定的工作。在隨後十幾次持續的會談中，他臉上的笑容愈來愈多，而且再也不談「生命沒有意義」的問題了。

心理師的快樂配方

當你覺得人生沒有意義的時候，你不應該一直思考這個問題，因為這個問題在理智上是沒有答案的。你應該要讓自己的生活充實，追尋你熱愛的事物，然後在這樣的生活當中感受人生的意義。

悶悶不樂

改善生活3大層面

什麼樣的生活容易帶來快樂？
什麼樣的生活容易引發憂鬱？
這些是有規則可循的。
如果你知道了快樂的生活方式，
你會願意去努力嗎？

快樂的生活方式

如果你希望自己常常感到快樂，維持一個容易快樂的生活方式是很重要的。雖然每個人所喜愛的事物都不盡相同，但還是可以歸納出一些共同不變的需求。

如果你感到生活並不快樂，可以從下列幾個層面改善起：

維持基本的人際互動

通常孤獨的人是很難快樂的，大部分的人都喜歡有人陪伴、關心與分享，這種親密的人際關係會給人一種很滿足的感覺。所以，如果你的人際關係貧乏，這很可能就是你不快樂的主因。你應該嘗試解決這個問題，因爲這非常重要。

找到生活的目標

我們很少看到有人能夠每天漫無目的的生活，一事無成，卻感覺自己是快樂的。就大部分的人來說，有一個清楚的目標，並不斷的朝向自己憧憬的夢想前進，才是一種快樂的生活方式。

如果你缺乏生活的目標，應該認眞去思考這個問題，因爲它會影響你的生活品質。

充足的休閒生活

擁有充足的休閒生活會讓人感覺自己的生活是多采多姿的，壓力可以暫時釋放，一成不變的生活也突然間變得有趣，因此，這也是很基本的需求。而更重要的是，這不像處理人際關係或思考生活目標那麼難，是很簡單就可以達成的，譬如，散步、種花、養狗等，都會讓人體會到生活的趣味。

上述三點雖然都是老生常談，但是如果你看到某些憂鬱症患者過的生活，你會了解以上所說的是很重要的。

有些人一天生活如下：每天早上醒來就開始看電視，餓了就吃，飽了就睡，睡醒後又繼續看電視，到了夜深人靜時，內心充滿懊悔、空虛的感受，但卻日復一日過著同樣的生活。這些人感到不快樂是必然的，這種生活實在太容易引發憂鬱。

所以，如果你發現自己的人際關係疏離、沒有生活目標、整天無所事事，則要警覺到這是典型的憂鬱生活，必須有所改變。

你可以嘗試做一點調整，譬如多與他人交流，即使只是短暫的打電話聊天也好；記得思考未來的目標，別讓悲觀的想法阻礙你；記得時常接觸戶外，即使只是散步半小時。這些改變都會讓你擁有美好的感覺。

心理師的快樂配方

如果你的生活不快樂，想一想底下幾個問題：

- **你有親近的人際關係嗎？**
- **你有生活的目標嗎？**
- **你有充足的休閒嗎？**

如果你的生活不快樂，這三點是很好的努力方向。

完美主義

接受不完美

完美主義有什麼好處？它帶來了現代化的科技人文發展。
完美主義有什麼壞處？它讓許多人深陷憂鬱之中，無力掙脫。
完美主義到底是有功還是有過，我們應該怎麼看待它呢？

完美的年代

根據研究，很多憂鬱症患者有明顯的完美主義傾向。雖然他們的生活品質不錯，表現也很優異，但總是對自己不滿意。這些人通常都有一個高度要求的父親或母親，從童年開始，就在完美主義的要求之下不斷地努力，做得好是應該的，做不好就挨打或挨罵，孩子的內心裡只有一個信念：「我還不夠好，我要更努力。」而且好像永遠都達不到預定目標。長久下來，難免會感到憂鬱與沮喪。

從這個角度來看，完美主義似乎是一種性格缺陷；但若放大視野來看，完美主義卻又爲社會帶來便利與進步。

譬如，電腦科技就是完美主義下的產物，因爲必須在完全無塵的環境下生產，硬體的精密度很高，軟體的設計必須實用而周密。在上述種種完美條件的配合之下，才創造出這麼便利的電腦產品。再譬如，醫療也是完美主義的產物，如果你因爲胃痛去看醫師，你會希望遇到的醫師是要求完美的？還是敷衍隨便的？不用說，當然希望是要求完美的醫師。

這就是完美主義的魅力，它創造出高科技產品、改善醫療品質、使生活水準提高。而擁有完美主義性格的人其專業度高，往往被人敬重仰賴。

從客觀角度來看，完美主義本身並無壞處，盡力把事情做好、不斷改善缺點，創造優點等態度，不管在做人或做事方面，都是很正確的。

但完美主義有一個盲點，就是容易讓人走向極端。許多父母親從孩子還小的時候就逼他們要做到課業優異、才藝出衆，各項能力都要凌駕於他人之上。因爲他們深深相信，只有完美的孩子才能出人頭地，平庸的人是毫無前途的。其實，這樣的想法只有一部分是正確的，即要求完美是對的，但是不應該全方面的要求，尤其只重視學業的表現更是不對。

在現代的社會上，到底什麼樣的人才能立足呢？當然是擁有專業能力的人。父母親應該期待並協助孩子找到一項適合自己的專業，然後在這個專業上精益求精，而其他領域則視興趣發展就好。這樣一來，孩子不僅可以在社會上立足，又能培養出樂觀的性格。

就邏輯上來說，不管大家的能力有多強，競爭者有多少，第一名也只有一個。如果大家都希望自己的子女是第一名，那麼相信大部分的父母都會感到失望。

如果捨棄固執的完美主義，接受有彈性的完美主義，我們是可以培養出既具有競爭力又快樂的孩子的。讓孩子朝著自己的潛能學習，協助他找出自己的專長與興趣，當他喜愛這個領域並且努力的學習，就會在這個領域裡愈來愈完美。

所以，父母教養孩子的過程中，不妨輕鬆一點。想一想，如果孩子成就很高，卻一直活得不快樂，這有什麼好呢？請記住，要求極度完美的結果是製造出有缺陷的性格。

心理師的快樂配方

讀者可利用下面兩個表格，自我分析是否有憂鬱症的傾向，但此結果無法判斷是否患有憂鬱症。讀者若自覺有強烈的憂鬱情緒，仍須求助專業治療師。

你有完美主義傾向嗎？

請依據你平時的情況，回答下列5個問題：

請依據你平時的情況，回答下列5個問題：	不會	偶而	常常
1. 我對自我的要求比一般人要高很多。	0分	1分	2分
2. 在不少事情上，我要求自己一定要做到完美。	0分	1分	2分
3. 我常常對自己的表現不滿意。	0分	1分	2分
4. 我身旁的人會說我太要求完美了。	0分	1分	2分
5. 每當我犯了一些小過錯的時候，雖然別人都覺得沒什麼，但是我卻會難過很久。	0分	1分	2分

測驗結果分析

〔總分5～10分〕：你的性格有完美主義的傾向，得分愈高表示完美主義愈明顯。這樣的傾向容易讓你對自己不滿意，常常導致情緒低落。

〔總分0～4分〕：你並不會有明顯的完美主義傾向。

對生命不滿意

重視心靈需求，感受生命快樂

為什麼各種生物當中，
只有人類才有嚴重的憂鬱問題、自殺問題？
憂鬱難道是人性的一部分嗎？

高智力與憂鬱

為什麼人類的憂鬱問題比其他動物嚴重，自殺的現象也比其他動物頻繁？我認為，這個問題跟人類的高智力有關。

低智力的動物每天的生活就是尋找食物、交配，牠們大腦交代的任務很簡單，就是「生存、繁衍後代」。因此，即使牠們時常感到飢餓、沒有安全的住所，也不會自覺處境多可憐，牠們只會一直努力要讓自己活下來。所以，牠們根本沒有機會憂鬱。

相反地，人類因為擁有高智力，我們可以「預見」自己的未來。當我們生活得很痛苦的時候，如果「預見」自己的未來一樣痛苦，就很有可能會想要結束生命。這種「預見」未來的能力讓人類容易憂鬱，也讓自殺的問題變得很嚴重。

然而，各個國家的自殺率也並不相同。貧窮的國家自殺率低，而富裕的國家自殺率高。這是爲什麼呢？其原因跟前文的解釋是相同的。在貧窮的國家裡，人們很努力的工作以求溫飽，他們一直著重在眼前的問題中，根本沒有時間去反思自己的人生。因此，即使他們的生活困難，也不太容易產生憂鬱現象。

相反的，在現代化的國家裡，人們有錢又有閒，即使是貧困的人也可以倚靠政府補助輕鬆的過日子。但是空閒時間的增多對某些人來說反而是一種困擾，因爲他們有時間去反思自己的人生，發覺他人都過得比自己好，因此感到人生沒有意義。而這群人就有可能會走上絕路。

簡單來說，當人們開始有很多時間去反省自己的生活時，他們對自己生活的要求已經不僅止於能活下去就好，而是要一個有品質的人生。因此，社會雖然進步了，對生命不滿意的人反而更多，自殺率反而升高。

當然，我們的社會已經進步，不可能回到原始社會，所以無法要求人們只要「活下去」就好。事實上，讓擁有高智力的人類不思考未來、不反思人生，是不太可能的事情，而這樣的生活也不是一個有品質的生活。我們應該努力的是，讓我們的社會更重視心靈的需求，學習生活的智慧，讓人們即使沒有成就、物質條件普通，但是對生活依然感到滿足與快樂。

心理師的快樂配方

高智力的人類似乎天生就背負著一個宿命，不斷反省自己的人生，擔憂未來。當他看見自己生命中的不足與缺陷時，就很有可能會被憂鬱症糾纏。當然，我們不可能不思考人生、不預期未來，就只為了活著而過每一天。但是我們可以學習的是，讓我們的社會更重視心靈的需求，讓人們即使生活很簡單，依然可以感受到生命的快樂。

自殺念頭

關於自殺的4個迷思

許多人對於自殺有一些誤解，而且他們避談這個話題，所以誤解一直存在著。
我們可以不管這些誤解嗎？
自殺的問題可以避而不談嗎？
在現代的社會裡，即使你不願意面對它，它也會找上你。

自殺的四個迷思

當家裡有親人出現自殺危機時，家人常見的反應通常是慌張、驚訝與迷惑，他們不知道該怎麼跟當事人相處、如何措辭，也不知該如何提供幫助。自殺的確是一個讓人相當迷惑的問題，畢竟，活著是一切的基礎，一個人怎麼會想要放棄自己的生命呢？

面對自殺的問題，許多人有一些迷思。

其中最常見的**第一個迷思就是：「談論自殺的問題會增加當事人自殺的風險。」**這樣的觀念是不正確的。在一般的情況下，一個人想要自殺是因爲在現實生活中遇到了挫折，想要結束痛苦。但是通常外在的問題並沒有那麼難以解決，只是當事人覺得很難解決而已。因此，如果你跟他談論自殺的問題，很必然的，他會提到自己想要自殺的原因，以及正在煩惱的問題。

這樣的談話模式可以幫助當事人重新看待問題、紓解情緒，對他很有幫助。若裝作若無其事的勸當事人不要亂想，然後避談問題，反而會讓當事人感覺更無助且絕望。

所以，讓一個有自殺意圖的人自在的談論其內心的感受，對他的情緒是很有幫助的，這樣做並不會增加自殺的風險。這一點在精神醫學領域有著普遍的共識。

第二個常見的迷思是：「會談論自殺的人通常是不會自殺的。」

這也是一個錯誤的觀念。在美國曾做過一項研究發現，自殺死亡的人當中，有三分之二的人在生前曾經提到自殺的念頭，有三分之一的人曾經清楚的表達自殺的意圖。所以，這樣的結果顯示，很多人談論自殺不只是一種口頭威脅而已，他們是有可能付諸行動的。

當然不可否認的是，也有不少人用自殺、自傷的方式來威脅別人讓步，他們並沒有那麼強烈的自殺意圖。如果是這種情況，可能就需要不同的處理策略。

第三個常見的迷思是：「如果當事人過去不敢自殺，以後應該也不會那麼做。」

這樣的想法，錯誤的地方是——不了解自殺的本質。很少人自殺是在理性、冷靜的狀態下結束自己的生命，大部分的人在自殺前都是衝動、混亂的。因此，一個人過去不敢自殺，這絕對不意謂著以後也不敢自殺。

因爲當事人的痛苦感受愈來愈深的時候，自殺的衝動也會不斷增加，當累積到一定程度的時候，就很有可能會付諸行動。

第四個常見的迷思是：「如果一個人想死，他一定會找到方法，所以我們做再多的防護措施都沒用。」

這句話就理論上來說可能是正確的，因爲如果一個人眞的想死，絲毫沒有猶豫，他一定可以找到各式各樣結束生命的方式，絕對是防止不了的。

但是這句話就現實上來說常常是錯誤的，因爲大部分想要自殺的人，都不是百分之百想要死，而是處在一種矛盾的狀態。他有可能是七分的衝動想死，但是卻有三分的意志想活；也有可能是有五分的衝動想死，五分的希望想活。這時候，如果我們提供一個高度保護性的環境，協助他度過這個危險期，當他情緒穩定之後，他可能連一點想死的念頭都沒有，他可能也會覺得很奇怪，爲什麼當初自己一直想要尋死。

總結來說，如果你有一位親人面臨到自殺的危機，第一步當然是要去尋找精神科醫師的協助。千萬不要避談這個問題，假裝什麼事情都沒發生一樣。

其次，你也不要低估當事人自殺的可能性。你應該盡量用支持、接納的方式跟當事人談論他的煩惱，鼓勵他接受精神醫療的協助。

最後，如果他處在比較急性的階段，你應該創造一個高度保護性的環境。譬如，將家中的銳利物品收好，將高樓的窗戶上鎖，將各類危險物品藏起等。千萬不要認爲這些動作是沒有意義的，無法百分之百防止當事人自殺。你應該要了解一點，自殺行爲常常是一種衝動行爲，如果沒有自殺的機會，當事人的自殺衝動就會降低。當然，如果你覺得當事人的自殺風險還是很高，暫時住院可能是一個很適切的選擇。

心理師的快樂配方

在精神醫學上，我們要評估一個人自殺的意圖有多強烈，有一些值得注意的指標。詳列如下：

- **自殺的手段激烈**——如果某人過去試圖自殺的方式是喝鹽酸，那麼這顯示出他求死的心很強烈，應該要特別注意。相對而言，吞了十顆安眠藥就沒有那麼強烈。

- **自殺時刻意不要被發現**——例如他選擇在沒有人會發現的地方試圖自殺，或者他選擇大家都睡著的時間自殺，這意味著他自殺的意圖強烈。
- **交待後事**——例如寫下遺書、處理財物。這意味著他真的想要結束生命。
- **買了準備自殺的工具或積藥，或到危險的場所遊蕩（如高樓陽台）**——這意味著他的自殺意圖已經進入到付諸行動的階段，需要特別注意。
- **自殺前深思熟慮，有詳細計畫**——這通常意味著當事人對於自殺這件事情已經有了決心，而不是一時的衝動而已。

上述這幾點，如果當事人符合愈多點，代表他想要自殺的強度愈強，家屬或朋友應該特別注意。

憂鬱症

憂鬱症是一種疾病嗎？

如果一個人能夠快樂，爲什麼他要選擇悲傷？
如果可以停止悲觀的想法，爲什麼他要忍受這種心理的折磨？
因爲心理健康的人不會被自責、自貶、悲觀絕望的想法緊緊套住，
揮之不去，日以繼夜的折磨，
所以，我們從來沒有眞正了解憂鬱症患者的痛苦。

憂鬱是一種很苦的疾病

很多人都認爲，憂鬱症並不是一種疾病，它只是某些人逃避生活問題的藉口，譬如不想工作、不想讀書，整天就想待在家裡無病呻吟。

這種想法似乎有一個基本的假設：「像糖尿病、心臟病……這類身體方面的疾病才叫疾病，心理上的問題並不是一種疾病」。

如同我們在〈正常憂鬱與病態憂鬱〉一節中所說的，憂鬱的情緒偶爾出現是合理且正常的，但是當憂鬱的時間長達數年或強度讓人感覺痛不欲生時，才會變成憂鬱症的診斷範圍。

如果一個人持續多年悶悶不樂，這算是一種疾病嗎？如果一個人常常想要結束生命，這算不算是一種疾病呢？請看下面的例子：

小丙從小生長在一個暴力家庭。他的父親有嚴重的酗酒、暴力問題，酒後常常會毆打小丙的母親。當小丙國一的時候，父母親離婚了，從此之後，他就成爲父親唯一的施暴對象。

在學校裡，同學們都會欺負他，他也沒有對象可以哭訴。他從小就在這種人情冰冷且無助的環境中長大。

當他漸漸長大出社會之後，他無法好好跟他人相處。周遭的人總是會讓他感到恐懼，只有當他獨處時才會感到比較自在。當他在生活上遇到一些不愉快的事情時，一些可怕的想法就會重複地侵擾他：「我就是這麼笨。」「根本沒有人在意我的死活。」「我活在這個世界上是多餘的。」

你可以想像小丙的心情嗎？過去那麼多被虐待、欺負的經驗不斷湧現，未來又前途茫茫，加上悲觀的想法揮之不去，你覺得他有能力突破眼前的困境，靠自己走出來嗎？如果他根本無法走出這樣的困境，這算不算是一種疾病呢？

如果我們從嚴重程度來看，憂鬱症應該算是一種疾病，因爲它會導致自殺的危險。在台灣，自殺死亡的人數排行十大死因的第九名，而這群自殺死亡的人當中有八成罹患憂鬱症。這群人是無病呻吟嗎？他們用死來證明「不是」！

如果我們從生理因素來看，憂鬱症也應該算是一種疾病。因爲腦海中不斷被某些痛苦的記憶占據，負面的想法揮之不去，這應該算是一種腦部功能的失調。因此，可以算是一種疾病。

也許你會想：「爲什麼他不堅強一點，替自己加油呢？」如果你這麼想，就有點像是對溺水的人說：「你爲什麼不用雙手撥水，用腳踢水，然後努力地游到岸邊呢？」如果他們可以用這種方式把自己救起來的話，他們會不用嗎？

稱憂鬱症爲一種疾病，並不意謂著治療憂鬱症一定要服藥。憂鬱症是一個異質性很高的疾病，有些人的症狀很嚴重，有些人卻很輕微，有些人需要藉助藥物，有些人則需要心理治療。要判斷患者需要什麼樣的治療，這需要專業的知識與經驗。

稱憂鬱症是一種疾病，只是意謂著憂鬱症本身是帶有生理因素的疾病，也可能有致命的危險，因此，值得我們正視它。我們也應該要體諒憂鬱症患者，因為他們罹患憂鬱症已經深受其害，不該再因為別人的誤解而受苦。

心理治療師的快樂配方

憂鬱症是一種疾病，患者不是自願要憂鬱的。悲觀的想法不斷的在腦部出現，折磨著患者，許多患者會痛苦到想要結束生命。憂鬱症也不會是想開就好了，因為不少的患者病情嚴重，靠自己的力量是很難以克服的，他們相當需要精神醫療的協助。

憂鬱症

憂鬱症會不會痊癒？

憂鬱症眞的會好嗎？
爲什麼有的人吃藥一、二十年還是沒好？
爲什麼有的人最後還是走向自殺？
憂鬱症到底是一個什麼樣的疾病？

憂鬱症的痊癒過程

要回答這個問題之前，應該先定義什麼叫做「痊癒」？如果你眼中的「痊癒」是指生了這次病之後就永遠不再復發，那麼符合這種情況的案例一定比較少。如果你眼中的「痊癒」指的是生了這次病以後，至少有一段時間可以完全康復，但在某個階段又可能會復發，那麼符合這種情況的案例就會比較多。

憂鬱症的特性

憂鬱症復發的機率是偏高的，在臨床的晤談上，我們常常看到反覆發作的病例。而憂鬱症的病程也比較長，服藥數年以上的患者也不少。

患者常常在疑惑「憂鬱症會不會痊癒」這個問題，我猜想可能的原因是患者看到醫師通常沒有主動停藥的意思，因此覺得疑惑。其實，以醫師的角度來看，不會主動停藥是很容易理解的。當他看到患者的情緒還是不穩定，外在的問題也沒有改善的跡象時，當然不會輕易停止可以穩定情緒的藥物。

那麼患者該如何面對這種情況呢？就一直服藥嗎？其實不是這樣的。你的醫師也許沒有時間向你詳細解說，但其實在他心裡有著所謂「完全痊癒」的標準。

什麼樣的患者算是完全痊癒了呢？當一個患者可以重新感受到生活的快樂，不被憂鬱、焦慮的情緒困擾，可以在日常生活中發揮自己的潛能，那就算是痊癒了。

在這種情況下，即使你不主動要求，醫師也會漸漸幫你減少藥量。

藥物治療與心理治療並重

人們應該持有一個正確的觀念，即精神科大部分的藥物都是在控制症狀的。當你很憂鬱或易怒的時候，藥物可以讓你的情緒穩定下來；當你很焦慮、緊張的時候，藥物可以讓你鎮靜和緩下來。但是藥物並不能完全根除你的核心問題，它只是讓你不舒服的感受降低（不可否認地，這樣的功效已經很了不起了）。

想要完全根除你的問題，心理調整是更重要的。舉例來說，如果你因為無法與他人好好相處而感到憂鬱，醫師會開立抗憂鬱藥物來協助你改善不快樂的情緒。但是醫師心裡也很清楚，藥物只是在降低你不愉快的感受，並不會因此讓你的人際關係變好。你要改善人際問題，需要學習新的人際技巧，而這樣的學習需要透過心理治療。

在改善人際問題的過程中，你需要探討自己性格的缺點，矯正自己的想法，勉強自己做一些嘗試，這個過程所耗費的心力絕不會比你學習電腦課程還要少。唯有你願意投入時間去解決這個根本的問題，你的人際困擾才有可能眞正解除。長期使用藥物並無法解決問題的根源。

雖然我強調心理調適的重要性，但不代表使用藥物治療就不好。藥物跟心理治療一直都是相輔相成的。藥物可以迅速有效的控制症狀，心理治療可以協助患者學習新的生活模式，這兩者一點矛盾也沒有。藥物使用在嚴重期，所以不可或缺；心理治療用在穩定期，它提供徹底的解決。這兩者都很重要。

憂鬱症會不會好？

回到一開始的問題，憂鬱症到底會不會痊癒？若針對這個問題勉強給答案的話，我的回答會是：「會痊癒，也不會痊癒。」之所以出現這種矛盾的答案，是因爲這個問題問得並不好。一個好的問題是把上面的問句拆成兩句，即「一個投入治療的憂鬱症患者會不會痊癒？」以及「一個不投入治療的憂鬱症患者會不會痊癒？」這樣就比較能夠精確的回答。

針對「一個投入治療的憂鬱症患者會不會痊癒？」這個問題，我認爲憂鬱症是會痊癒的，而且會完全痊癒，不容易復發。只要患者能夠適度的服用藥物，並努力做心理調適，就可以徹底的解決問題，不再被憂鬱症所困擾。

針對「一個不投入治療的憂鬱症患者會不會痊癒？」這個問題，我不用說，你也應該知道答案是什麼了吧！

心理師的快樂配方

憂鬱症並不是一個絕症。

許多心理治療的報告顯示出，憂鬱症痊癒的機會是八至九成之間，而且很多人可以維持療效，不容易復發。

只要患者願意投入治療，要克服憂鬱症並不是一件困難的事。

憂鬱症

憂鬱症的復原過程

憂鬱症並不是一個不會好的病，
只不過它復原的過程跟一般的疾病不太一樣。
如果你了解它多變的樣貌，
就不會覺得它是那麼恐怖的夢魘了。

起伏的復原過程

當我跟憂鬱症患者會談時，常常會向他們解說憂鬱症的復原過程，讓他們對憂鬱症有更進一步的了解。

憂鬱症的病程

憂鬱症是一個容易因爲外在因素而波動的疾病，所以患者常常感覺自己的情緒時好

時壞。患者情緒可能已經持續穩定好幾個月了，但是因爲某一個生活事件的打擊，情緒又跌落谷底。這種情況非常常見，也因此讓很多的憂鬱症患者對復原感到絕望。

但是爲了這些偶爾的退步而感到絕望是不必要的，因爲即使是一個復原過程相當順利的患者，他的復原過程也很有可能是一種波動的狀態。這一點可用下圖來說明。

病人的情緒雖然從0點開始往A點爬升，但是當他遇到打擊跌到A_1點的時候，他的情緒會比先前在爬升的階段低落許多，因此患者常常覺得自己已經退回原點了。

而當他繼續努力從A_1點爬升到B點的時候，他可能又遇到打擊跌到B_1點。這時候，他可能會感覺到過去的治療完全都沒有效果、自己一輩子都好不了等情緒，因爲他在B_1點的情緒比A_1到B的階段還要差。

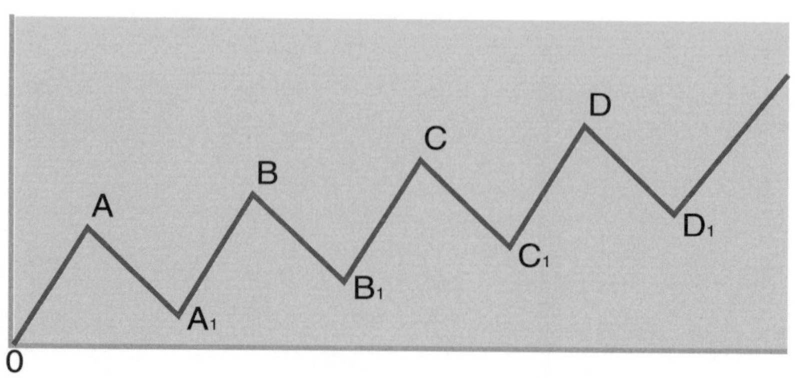

旁觀者清

但是如果以旁觀者來看，我們所看到的是，雖然當事人情緒還是會跌落谷底，但是每一次跌落的谷底是愈來愈淺，而每次情緒爬升的位置卻愈來愈高。所以，以整體趨勢來說，病人的情緒是呈穩定改善的。

像這樣的復原過程，我認為是一個憂鬱症患者最標準的復原過程。我並不會預期一個憂鬱症患者會因為吃了藥、經過十幾次會談之後，從此一帆風順。這樣的患者是有，但是並不多。

暴風雨一定會出現

也許你會問，為什麼不是一次就能把所有憂鬱症的問題都解決，而要起起伏伏、反覆波折的進步呢？我使用一個比喻，你就會清楚了。走在克服憂鬱症的路上，就像是駕著一艘小船行駛於大海中。當你第一次在海上遇到暴風雨，翻船的危險會很高，你可能也要花很長的時間才能夠讓船重新出發。但是當你漸漸的學習到駕船及面對暴風雨的技巧之後，翻船的機率就會降低很多。即使你的船真的翻覆了，也比較能在短時間內讓船重新發動。隨著駕船經驗逐漸累積，你也愈來愈不怕暴風雨，即使遇到，你也有度過危機的信心。這時候，你就可以自在的在大海中行駛了。

這是正確面對暴風雨的方式，也是面對憂鬱症的正確方式。你不能期待暴風雨永遠不要再來，但是你可以期待自己面對暴風雨的能力不斷提升。如果你預期走過一段憂鬱期之後，從此就不會再走進憂鬱期，這樣的期待是很美好，但是現實的環境並不會讓你如願。你想要能夠適應環境，就應該學習面對憂鬱的技巧。如果你對憂鬱症的復原過程有著正確的理解，就不會被它起起伏伏的病程所困擾了。

心理師的快樂配方

憂鬱症是一個挑戰，它會帶給你前所未有的衝擊，也會帶給你不同的生命視野。不要預期憂鬱永遠不會再來，要預期自己已經做好面對它的準備。

憂鬱症

在憂鬱症的痛苦中學習成長

許多人都認爲憂鬱症就只是單純的一種病而已，沒有什麼特別的。

事實上，憂鬱症通常有它正面的意義，所帶來的心理轉變也是一般人很難想像的。

憂鬱vs.心理成長

憂鬱症的發作不論從患者的主觀角度還是旁人來看，都是一無是處。主觀來說，憂鬱的感覺來到時，會感到無助、絕望、悲觀，盡是自貶、自責、罪惡的想法，那種痛苦會讓人無法忍受。客觀來說，憂鬱發作讓患者的心智與身體處在癱瘓狀態，在學業、工作、家庭的表現會一落千丈。

由主客觀來看，一般人都認爲憂鬱症是個惡疾。

我以前也如此認為。但是，在我治療的經驗中，卻有一些患者的復原過程讓我重新思考憂鬱症的意義。

有一位中年婦女王太太重度憂鬱症發作，二、三年內發生多次吞藥自殺的行為，原本幸福美滿的生活，在憂鬱症的反覆發作中消失殆盡。但是，也就在這二、三年感到灰暗絕望的階段，她逐漸地拼湊出一個模糊的自己，探索自己的內心世界……。

原來王太太出生於一個極度重男輕女的大家庭，受到父母嚴格的管教，父親總會一直灌輸「女人是賠錢貨」的觀念。因此，她覺得自己不應該擁有任何權利，對任何事總是逆來順受、忍氣吞聲。為了不讓別人霸道的要求失望，她會讓自己做得很辛苦，別人講話刺傷她或占她便宜，她會將一切委屈都往肚裡吞。

但在結婚之後，原本悲觀的性格加上公婆施加的壓力，持續累積了十餘年之後，她的重鬱症終於爆發了。她的症狀一發作就很嚴重，二、三年內重複吞藥自殺一、二十次，滿心想著都是「死」。

然而就在這段灰暗的歲月中，她卻漸漸地看到自己個性上的盲點，找出自己個性被塑造的過程。她開始學會表達自己的憤怒情緒，也開始相信自己有權利捍衛自己，雖然她每一步都走得艱辛，但在往前走的過程中，情緒卻漸趨穩定。

像王太太的例子，在治療的過程中屢見不鮮。經歷過痛苦的憂鬱階段之後，有些患者領悟到應該要獨立自主；有些人學會謙卑；有些人則學會要多愛自己。

當我以一個旁觀者的角度觀看這些人的心理成長時，總是想，憂鬱症也許也有其正面的意義。它讓一個人的生命跌到谷底，但是也帶來徹底轉變的契機，如果不是到了山窮水盡，一個人怎麼有動力去打破堅硬的性格呢？

有一句俗話：「在痛苦中成長。」我覺得很有道理。如果沒有經歷過極度的傷痛，哪來徹底的領悟呢？

心理師的快樂配方

當你罹患憂鬱症的時候，不要一味怨恨周遭的人事物。你該反過頭來想一想，自己的人生到底出了什麼問題。如果你願意客觀冷靜的反省，你會看到生命一直在向你拋出問題，而這些問題是你從來不曾面對的。

拒絕自殺

接受心理治療，正視自殺問題

憂鬱症患者喪失理智了嗎？
爲什麼他們要結束自己的生命？
人們很難理解憂鬱症患者的自殺行爲，
主要原因是他們並不了解患者內心的世界。

自殺的種種面貌

患者的內心世界

什麼樣的人在什麼樣的心情下，會想要結束自己的生命呢？這是許多身心健康的人很難想像的，但是這個問題並不難理解。舉例來說，一個六十幾歲又貧又病的孤單老人，他會如何看待自己的人生？對這位老人來說，剩下來的歲月大概就只剩下痛苦而已。既然人生毫無希望，爲何不早早結束自己的生命呢？因此他容易走上絕路。對於這樣的行爲我們很容易理解。

再另舉一個例子，一位二十幾歲的妙齡女子因爲車禍導致雙腿殘廢，必須終身坐輪椅。她的雙腿已無復原的機會，行動無法自如，她感覺自己很醜陋，是個廢物，她所看到的未來，是一個孤獨、無助的灰暗生活。這樣的生活除了痛苦之外，還有什麼希望呢？因此，她也容易走向絕路。

這名女子想結束生命的想法雖然太過極端，但是一般人還可以理解她的心情，畢竟從一個健康貌美的人變成一輩子要坐輪椅、讓人照顧的人，是件很痛苦的事。而什麼樣的人想要結束生命是讓我們難以理解的呢？譬如，一位學業成績優異、家庭環境不錯的大學生，卻選擇自我結束生命。這樣的事情就讓人感到不解。以旁觀者的角度來看，他的家境不錯又具備專業能力，要在社會上生存是沒有問題的，爲何一定要走上絕路？這個問題的答案就在於，雖然當事人的外在環境不錯，但是內心可能是痛苦不堪的。

爲什麼一個擁有良好條件的憂鬱症患者，看不見自己人生美好的一面，只看到灰暗的部分呢？請看以下的案例：

志翔是一位二十歲的大二生，從小他的功課就很好，人際關係也不錯，但是他一直活得不快樂。他的父親是個醫師，母親是高中老師，所以對他的要求很高。讀小學時，只要他沒有考第一名，媽媽就會處罰他。各科的考試成績如果沒有達到一百分，則少一分就打一下。因爲媽媽認爲志翔考得好是應該的，因此也吝於給他讚美，認爲讚美孩子只會讓孩子不求進步。這樣的管教方式持續到高中之後便有所改變，因爲志翔的父母親開始感覺到他的情緒似乎不太穩定，任何一個小小的挫折都會讓他有很大的反應。

但是這樣的改變已經有點遲了，因爲志翔已經習慣對自己要求完美。當他考不到第一名時，都會有一種自責、難過的感覺，覺得自己對不起所有關心他的人。他要求自己做任何事情都要做到完美，如果有缺陷，就代表自己很差。

上了大學以後，他遭遇感情上的挫折，學業成績一直退步。他不能接受自己在感情上的挫敗，不斷沉浸在失落的情緒中，而成績的退步則使他的心情更憂鬱。終於，他選擇自殺逃避所有的壓力。

以旁觀者來說，志翔家境及成績都很傲人，人際關係也還不錯，爲什麼要自殺呢？以當事人主觀的感受來說，他從來沒有輕鬆快樂的一刻，他的世界是一個競爭、恐懼、自責的世界。未來是一個永遠達不到的高標準，根本沒有希望，因此，他選擇自殺。當我們深入去了解他的內心世界時，就可以漸漸了解他的行爲。

綜合上述例子，自殺的原因雖然很多，但最根本的因素是，當事人對於未來已經感到絕望，不想再面對了。

用比喻來說，那位貧困、生病的老人處境是：他的口很渴，但是瓶子裡已經沒有水了；那位因車禍而雙腳殘廢的女子處境是：她的瓶子裡還剩下一半的水，而她卻傷心另一半的水已經不見了；那位聰明又家境良好的年輕人處境是：他就在河流的旁邊，但是他很絕望，因爲他無法走到上游喝最純淨的水。

我們能做什麼？

針對各種自殺行爲，整個社會及精神醫療體系是可以提供幫助的。對於這個自我要求很高的年輕人來說，他相當適合做心理治療。心理治療可以降低對自己的高標準，接納自己的缺點，改變悲觀極端的想法。如果能夠達成這個目標，那麼他就不會有太大的問題，因爲他的客觀條件其實不錯。

對於那個車禍受傷的女子來說，心理治療跟社會的協助都很重要。這位女子需要改變自己悲觀的想法，看到自己還擁有的能力及優點，這是心理治療要達成的任務。當她調整好自己的心態之後，還需要一個可以接納殘障者的社會，讓她在生活上沒有障礙、不被歧視、可以正常工作。如此，她才會找到活下去的希望。

至於那個可憐的老人，心理治療並不是他所需要的，他需要的是一個良好的社會福利制度，幫助他安穩的生活，治療他的病痛。

不管想自殺的原因是來自於外在或內在的惡劣環境，整個社會及精神醫療體系都可以提供實際的協助。我們要正視「自殺」這個問題，而不是當成一個禁忌避談它。

在台灣，自殺已經連續好幾年列入前十大死因之中。人類面對的致命疾病成千上百種，但是自殺卻可以打入前十名，只要思考一下就可了解自殺絕不是個小問題。自殺的問題並不會隨著社會進步而消失，即使在歐美、日本這些先進國家，自殺仍是排名十大死因之中。所以，就算我們現在不願意面對它，將來還是要面對這個問題。

心理師的快樂配方

自殺問題牽涉到社會及心理的層面。在社會層面上，我們的社會制度如果更完善，絕望的人就會愈少，自殺的人數就會減少。在心理層面上，我們愈早發現當事人的心理問題，就能愈早協助他面對生活挫折，降低自殺的風險。我們需要正視自殺問題，因為即使想要逃避，它還是衝著我們迎面而來。

第6篇

親子教養

什麼樣的教育對孩子最好？
過多的規範會讓孩子變得太順從，缺乏自主性；
太多的自由又會讓孩子太過驕縱，無法管教。
唯有適當的鼓勵與懲罰，
才能有最適合你和孩子之間的生活管理方式。

鼓勵與懲罰

訂立鼓勵與懲罰的行為規則

鼓勵就只有給予獎品或讚美嗎？
懲罰就只有鞭打和責罵嗎？
在管理孩子的過程中，
鼓勵與懲罰的方式有成千上萬種，
只要你願意動腦筋，
一定可以找到適合孩子的方式。

塑造孩子行爲的方法

以心理學的專門術語來說，鼓勵（即「增強」）與懲罰可分爲四類：正增強（Positive reinforcement）、負增強（Negative reinforcement）、正懲罰（Positive punishment）、負懲罰（Negative punishment）。

所謂「正增強」，就是給孩子所想要的東西以鼓勵他的良好行爲，譬如，孩子某次的考試成績不錯，你就買一個他很喜歡的玩具送給他，這就是正增強。而你的目的當然是希望孩子下次段考時依然有好成績。

所謂「負增強」，就是排除孩子不想面對的事情，以鼓勵他的良好行爲。這種增強的方式一般人比較容易忽略。譬如，有的孩子不喜歡補習英文，父母就跟孩子討論後達成約定——如果孩子每學期的英文成績可以保持在八十分以上，就可以不用去補習。這就是負增強。因爲孩子不想補習，因此，他就願意努力將英文學好，好讓自己不用去補習。如果父母運用正增強的方式（譬如，英文成績八十分以上可獲得獎金一千元，但還是要補習），此方式的吸引力可能不及上述的方法強。

所謂「正懲罰」，就是給予孩子不想接受的東西以懲罰他的不良行爲，這是父母很常用的方式。譬如，父母發現孩子有偷竊行爲，即加以嚴厲的打罵，孩子會記取教訓，偷竊行爲就會被抑制。這就是正懲罰。

「負懲罰」則比較容易被忽略。所謂負懲罰就是當孩子出現不良行爲的時候，我們排除他很想要的東西來懲罰他的不良行爲。舉例來說，孩子出現欺負弟妹的行爲，父母就取消孩子當天打電動的時間。這個就是負懲罰。

正增強、負增強、正懲罰、負懲罰這四種方式都可以有效地塑造孩子的行爲，但是正懲罰比較違反人道，因此是最後的選擇。我鼓勵大家多使用正增強、負增強及負懲罰這三種方式，尤其是當你嘗試多次打罵卻無法改變孩子的行爲時，更要妥善運用。

舉例來說，有個孩子時常出現偷竊的行爲，不論打、罵均無法改善。下列則是父母可以考慮的管教方式：

- **正增強**：當孩子持續一個星期沒有出現偷竊行爲，就給予三十元的獎金。
- **負懲罰**：如果孩子出現一次偷竊行爲，則自當天起取消一個星期的打電動時間。
- **負增強**：如果孩子目前被取消打電動時間一個星期，但是只要他累積三天不再出現偷竊行爲，第三天就取消部分懲罰，譬如可以打半個小時的電動。

父母管教孩子時要運用智慧，想想孩子最喜歡與最不喜歡的事物各是什麼，移除什麼事物他會很高興，移除什麼事物他會很痛苦。找出對孩子眞正有影響力的事物，然後靈活運用這些行爲改變的技巧，才有可能解決孩子的行爲問題。

最後，在執行的技巧上，我特別建議必須與孩子訂立行爲契約。訂立行爲契約是邁向成功的一大步，不要覺得與自己的孩子訂立行爲契約是不顧人情的做法，你應該這麼想，假若孩子的問題行爲一直無法改善，這意謂著他需要一套更清晰有力的生活規則。當生活規則確實執行時，孩子會更快樂、更有成就感，而你也會更輕鬆。

心理師的教養配方

不管使用的技巧是正增強、負增強或者負懲罰，訂立清晰的規則往往是成功的關鍵。你可以依照下列實例，想一想要怎麼為自己的小孩訂立規則。

例如，大寶是個喜歡網路遊戲的國一生，他偶爾會打弟妹，也偶爾會說謊。父母了解網路對他的吸引力，因此訂立了以下的行為契約：

- 每天回家後需寫完當天作業並溫習功課，經爸媽抽考後如超過八十分，則可以自由安排當晚剩餘的時間。
- 每晚玩網路遊戲的時間一小時。
- 每晚延長網路遊戲時間不得超過半小時。若有特別嘉獎事件時，可延長至一小時。
- 下列情況可以延長半小時的網路時間：在八點之前完成作業及溫習功課。
- 如果幫忙家務（例如洗碗、拖地、倒垃圾等），每完成一件事情可以發給一張十分鐘的點數卡。每張十分鐘的點數卡可以兌換十分鐘的上網時間。
- 如果有打弟妹的情形，當天的網路遊戲時間取消。
- 如果有說謊的情形，取消三天的網路遊戲時間。

孩子講不聽

正確執行鼓勵與懲罰

許多人都認爲鼓勵與懲罰孩子是一件很簡單的事情。事實上，鼓勵與懲罰的執行有許多需要注意的原則，忽略了這些原則，可能會讓你的獎勵與責罵都無法產生功用。

鼓勵與懲罰的注意事項

「鼓勵與懲罰不就是送獎品、讚美與打罵、罰站嗎？哪需要什麼方法呢？」如果你這麼想，就太小看心理治療了。

鼓勵分爲正鼓勵（增強）、負鼓勵（增強），懲罰分爲正懲罰、負懲罰，每一種鼓勵與懲罰都可以根據孩子不同的個性，各自演繹出許多種具體方法，而這些具體的方法又可以相互組合使用。所以，鼓勵、懲罰很簡單嗎？一點也不！

不過，要使用鼓勵與懲罰的方式來改變孩子的不良行爲，重點並不在於要找出很多方法，而是找出一項有效的方法就夠了。所以，當打罵、獎勵、讚美的方式都運用過了，孩子的行爲問題依然存在，那麼請參考下文的建議。

須注意的要點

要改變孩子的問題行爲，建議你要做到下列兩點：

找出孩子眞正好惡的事物

很多孩子其實並不太畏懼打罵，但是父母好像只會以這種方式來嚇唬孩子。父母沒有想到的是，剝奪孩子打電動的時間可能讓他覺得更難過；或者以他喜愛的玩具來做爲吸引，孩子可能因此願意克制自己的不良行爲。

所以，找出孩子眞正好惡的事物是很重要的，因爲這樣才會激發孩子想要改變的動機。如果你無法猜到孩子眞正好惡的事物，那麼直接問他或者觀察他的行爲，你會找到一些答案的。

善用代幣制度

許多父母會以孩子喜愛的事物來增強他們的良好行爲，而用孩子厭惡的事物來懲罰他們的不良行爲，雖然一切都掌握得很精準，但是卻無法產生效果，這是爲什麼呢？其實理由很簡單，因爲父母往往要求孩子的表現要符合高標準，而且必須持續一段時間，才能獲得獎勵。

這樣的獎勵方式會失敗是理所當然的，因爲孩子的天性本來就偏向於衝動、追求立即的滿足，除非所要給予的獎品能夠很快的得到，否則對他們來說，一段時間過後所得到的獎品或懲罰就如同沒有一般。

因此，「代幣制度」（Token system）是一種値得參考的方式。所謂代幣制度，即先準備一些塑膠硬幣，然後與孩子達成協議，如果做到某些事情，就可以獲得一枚代幣，累積數枚的代幣後就能夠換取他想要的東西，再累積更多的代幣就可以換取更高價値的東西，這樣就可以增強孩子的良好行爲了。

但是，爲什麼要使用代幣而不是眞正的錢呢？理由很簡單，因爲代幣所代表的東西比錢豐富多了。譬如，一枚代幣可以代表多看十分鐘的電視，也可以代表多玩十分鐘的電動，也可以換取一次不必掃地的權利等。所以大人們不需要用到錢，就可以增強孩子的良好行爲。

在執行的過程中，如果你擔心與孩子相處的時間太少，因而無法有效的實施這個制度，你可以跟學校的老師或者長時間與孩子相處的人事先溝通，請他們一起當代幣制度的執行者。

如此一來，孩子不論在家裡或學校都會同樣地守規矩。

執行的原則

然而，不論是鼓勵或懲罰孩子，請盡量遵守下列兩個原則：

先從簡單的做起

一開始就要讓孩子能夠輕鬆的達到目標，建立起對獎勵制度的興趣與信心。當孩子漸漸地對這項規則感興趣時，再慢慢地提高目標的難度。

如果一開始就設定爲高目標，這如同要求一位問題兒童馬上變成模範生一樣。目標雖然美好，但卻不容易達到。

要讓孩子清楚獎懲規則

什麼事情可以或不可以做、獎勵或懲罰的方式等等規則，必須要讓孩子充分了解。建議你可以把這些規則用簡單易懂的文字寫下來，並跟孩子充分討論之後才付諸實行。

有許多父母對孩子的要求是模糊不清的。譬如，「要照顧好弟弟、妹妹」是什麼意思呢？何謂「照顧好」？若妹妹不聽話，因此責打她，這樣算不算是「照顧好」呢？又譬如，父母會教導孩子「不能偷拿別人的東西」，孩子則回應「我沒有偷拿弟弟的東西，我只是借用一下。」此時，應該如何處理呢？

所謂清楚的規則應該是：「不能夠打弟弟、妹妹，用手或其他東西打都算。如果打一次，當天的電動時間就取消。」「不能未經他人同意就拿別人的東西，即使是家人的東西也一樣。如果出現這類行為，當月零用錢減半，並且即日起取消打電動的時間一個星期。」這兩種方式都是一種懲罰的規定。

如果你想要獎勵孩子，規則也要很清楚。譬如：「如果沒有出現未經同意就拿取別人東西的行為，每持續一個星期以上，隔週的零用錢每天多出十元。」

總結來說，要改變孩子的問題行為，父母要找出他喜歡跟厭惡的事情是什麼，然後才能善用這些事物。記得利用代幣制度讓孩子感覺到，不管他在什麼地方做了什麼行爲，鼓勵立即就出現了。

最後還要記得，訂立行爲的賞罰規則前要先與孩子做充分溝通，一開始設立的目標也不要太難。了解這些概念後，你就可以妥善運用了。

心理師的教養配方

- 找出對孩子真正有影響力的事物，並善用它們。
- 利用代幣制度讓你的執行過程變得更嚴密。
- 清晰的與孩子溝通，由淺入深的做起。

掌握了這些原則，管教孩子就更容易成功了。

孩子老是調皮搗蛋

鼓勵孩子，提升孩子自尊

正增強可以鼓勵孩子良好的行爲，提升孩子的自尊，也間接抑制了不良的行爲。
如果孩子的問題行爲不嚴重，正增強是教育孩子的第一選擇。

最佳的教育方法：正增強

常常被忽略的最佳方法

「正增強」（Positive reinforcement）是在改善孩子問題行爲的過程中，我們最鼓勵使用的方式，它通常是用在鼓勵良好的行爲。有許多高標準的老師或父母常常會忽略孩子的良好行爲，因此，好行爲不太容易持續。舉例來說，有位孩子在學校裡有上課時講話及下課後打人的行爲，此時，常常會聽到老師說「小寶，上課不要講話」、「小寶，不能夠打人」，但是比較不常聽到「小寶，你剛剛都沒有打人，表現得很好」（雖然他剛剛上課的時候有講話）、「小寶，你很棒，剛剛上課很專心，都沒有講話了」（雖然剛剛下課時他才因爲打人被斥責）。

當父母或老師在面對一個問題孩子的時候，很容易忽略他良好的行爲，只注意到他不好的行爲。但是，大人們應該設身處地的替孩子想一想，當他一直聽到「你這裡不好」、「你那裡不對」的話，孩子心裡就會覺得，自己在你眼中是一個很糟糕的人，因此孩子就會想：「我何必努力呢？我就是一個壞小孩啊！」而當孩子偶爾出現良好的行爲時，大人們如果忽略這個鼓勵他的機會，孩子很可能會覺得：「既然做良好行爲也不會被鼓勵，那做這些行爲有什麼用呢？」因此，孩子壞的行爲就會增多，好的行爲則會減少，而且他對自己的感覺愈來愈糟，你也愈來愈難處理他的問題了。

所以，原則上來說，在處理孩子的問題行爲上，我們會盡量忽略孩子不好的行爲，而多多鼓勵孩子良好的行爲。除非孩子的行爲問題太嚴重，我們才會用適度的方式去限制、處罰他。而當我們持續地增強良好行爲時，壞的行爲很自然的就會受到抑制。

執行正增強

要增強孩子良好的行爲，可以選擇的方法很多，譬如，口頭讚美、用孩子喜愛的獎品鼓勵。不過，擬訂計畫時不要把目標訂得太高，以免孩子覺得太難達到而不想努力。而所提供的獎品一定要是孩子喜歡的，初期階段可以用小獎品，讓孩子能夠很快得到鼓勵，然後慢慢調整獎項大小，讓孩子再更努力才得到獎品。當孩子的行爲漸漸成形，久而久之，只要用口頭讚美就可以讓孩子維持良好行爲了。

正增強可以讓孩子的良好行爲得到鼓勵，間接的使壞行爲被抑制。它可以讓孩子的自尊得到健康的發展，而不會一直覺得自己是壞小孩。正增強是最值得推薦的一種行爲改變技巧。如果大人們覺得自己很難讚美孩子，很難注意到孩子的好行爲，這可能是因爲你的要求太高了。這部分是大人們要去調整的，這不是孩子的問題。

心理師的教養配方

你會發覺自己的孩子沒有什麼好讚美的嗎？如果你有這種感覺，這一定是你的標準太高了。每個孩子也許能力優劣不同，但是只要他們能夠發揮部分的優點，你都應該要鼓勵他們。

打罵勸說都沒用

剝奪孩子喜歡的事物來懲罰，移除孩子厭惡的事物來鼓勵

當對孩子用鼓勵的方式沒有效的時候，要怎麼辦？
當對孩子打罵也沒有效的時候，該怎麼辦？
在某些孩子身上，
負懲罰搭配負增強可能是你最後的選擇了。

負懲罰與負增強

負懲罰

負懲罰（Negative punishment）是第二個推薦的行為改變技巧，通常是用在處理壞的行爲上。其原理很簡單，當孩子出現壞的行爲時，我們就剝奪他喜歡的事物來處罰這個行爲，漸漸的，壞的行爲就會減少。譬如，孩子出現欺負妹妹的行爲，爸爸就剝奪他一個星期打電動的權利，孩子就因此不敢再打妹妹。這就是負懲罰。

當對孩子重複使用正增強卻沒有效果的時候，就可以考慮用「負懲罰」。譬如，孩子在學校出現打人的行爲時，即使提供獎金希望他不要再打人，但他依然如故，這時候，你可以改變方式，當他打人的時候，就一個星期不准看卡通。這就是負懲罰的運用。

負增強

如果你的孩子反抗性強又個性衝動，則運用負懲罰的方式可能會引起反抗行爲，孩子反而會表現得更叛逆，出現更多偏差行爲。因此，建議你在使用負懲罰的方式時，可以同時運用負增強的技巧。

「負增強」（Negative reinforcement）就是當孩子出現良好的行爲時，即移除孩子厭惡的事物來鼓勵。

以上述負懲罰的例子來說，孩子因爲打人而被剝奪一個星期看卡通的權利，如果他的父親說：「如果你連續三天都表現良好，不會打人，那麼第四天我就允許你看半個小時的卡通。」這種移除懲罰的方式就可以增強孩子對別的小孩的友善行爲。

負增強的使用可以讓孩子覺得懲罰沒那麼強烈，因此，會減少孩子抗拒的心理，孩子會更輕易的順從你的教誨。

最好的範例

負懲罰搭配負增強的使用，最好的範例就是監獄制度了。犯罪的人被關入監牢，被剝奪了最重要的「自由」權利。如果強制性的要求每個人依照自己的刑期服完刑，那麼可能會有很多重刑犯想要逃獄（因爲依照他們的刑期，很可能會被關到老死）。但是這並非獄方所希望的，因此，獄方給予犯人改過自新的機會，只要他們在獄中表現良好，可能服滿一半的刑期就可以假釋出獄。

因爲有假釋制度的存在，表現良好就能提早出獄，因此囚犯們就比較容易遵守獄方的規定。試想，如果連關在監獄的犯人都能夠被負懲罰搭配負增強的制度所折服，那麼要管理小孩子的偏差行爲就更沒有問題了。

所以，在處罰小孩壞行爲的過程中，我們一方面設定懲罰，另一方面也要給予他們可以彌補的機會。

孩子們通常是衝動、只看到眼前的，如果他感覺你的懲罰太過強烈而沒有轉圜的餘地時，他很可能會採取一種自暴自棄、反抗的態度來面對你，如此一來就會增加你在教導上的難度了。

心理師的教養配方

負懲罰剝奪了孩子喜歡的東西來懲罰他的不良行為，負增強則移除了孩子不喜歡的東西，以鼓勵孩子的好行為。

這兩種方式一個扮黑臉一個扮白臉，剛柔並濟，難怪連監獄裡的罪犯也會被折服。

難教的孩子

教小孩不需要大道理

孩子很難教嗎？
不管怎麼講道理給他聽，他顯得似懂非懂，
但是行為上依然沒有什麼改變。
這是爲什麼呢？
是你講得不夠清楚嗎？是懲罰不夠嚴厲嗎？
或者，有沒有可能他根本就不了解你要表達的概念呢？

難教的小孩，還是智能未成熟？

智能發展的問題

許多父母常覺得教孩子很累，因爲他們發覺孩子很難溝通。其實，會出現溝通不良的情形，跟孩子的智能發展是有相關的。

一般來說，孩子的思考能力要到十二歲以後，才能夠進入抽象思考的階段（Stage of Formal Operations）。這意謂著，十二歲以前的孩子思考方式是很單純的，他們不太能理解你的大道理。譬如，你教導孩子：「你不能夠一直說謊，否則，久而久之別人就不會相信你，也不願意與你交朋友了。」這樣的道理孩子是感受不到的，爲什麼呢？你想想看，一個會說謊的小五生會因爲說謊而沒有朋友嗎？其實不會！因爲他的朋友未必能夠發現他在說謊，即使發現了，也未必覺得說謊是很嚴重的事。所以，要感受到說謊的嚴重性，需要社會經驗的累積，太早跟小孩子講這個道理並沒有用。

但即使孩子讀到高中了，與他講道理就有效果嗎？這也不見得！如果你勸導正值十六歲的孩子「講話的口氣不要太衝，對人要和善。」他可能根本聽不下去。他需要眞正在生活中因爲講話太衝、對人不友善，結果被團體排擠或被上司修理，才會領悟到這句話的眞義。

父母該怎麼做呢？

那麼，父母在孩子性格養成的過程當中能夠做什麼呢？簡單來說，就是讓他去體驗你擬定的行爲後果。以前文所講的兩個例子來說，當孩子說謊的時候，你就停止他打電動或看電視的時間，孩子就會迅速感受到說謊的壞處。當孩子講話太衝、對人不友善時，你也可以剝奪他平時的娛樂或處罰他做家事，他就會感受到自己行為的後果。

總之，在孩子性格不夠成熟、缺乏社會經驗的時候，講道理是不太有幫助的，因為他們根本不能夠體會這些話。你要讓他們知道這些行為是不對的，最好的方式就是建立一套獎懲制度，讓他們體驗到行為的後果，這樣的獎懲制度才能塑造他們的行為。至於人生的道理該不該提呢？你可以偶爾提起，當作在散播思想的種子，但必須做好心理準備，孩子真正領悟你所講的話，可能是十年後的事情了。

心理師的教養配方

對於未成年孩子的教育，建議你不用講太多大道理，不如把精力放在擬定一個合理的獎懲制度上。因為人生的道理通常需要切身的經驗才能領悟，太早對孩子談論這些道理是沒有幫助的。

教導沒有用

釐清智力問題，檢視教養方式

爲什麼孩子會一直講不通呢？
道理講了，打罵也都試過了，孩子還是出現問題行爲。
這是爲什麼呢？也許你不曾思考過一個問題，
會不會是他的智能不好，根本不了解你的期望呢？

重複出現的問題行爲

釐清智力問題

你會覺得孩子好像怎麼教都教不會嗎？同樣的錯誤一犯再犯，不論打罵或獎勵都沒效，這是怎麼回事？有很多父母把孩子帶來醫院做心理諮商，因爲他們覺得孩子的「心理有問題」。遇到這樣的情況，我會先試著釐清一個問題：「這個孩子會重複出現問題行爲是因爲他的智能不好嗎？」關於這個問題，通常只要做一次智力測驗就知道了。

但如果沒有親眼見到孩子，無法做智力測驗時，我通常會詢問父母下列問題來做初步的評估：

- 就讀國中時在班上的成績是倒數幾名嗎？（如果還在就讀國小，就以最近的成績來看。）
- 他的數學成績很差嗎？
- 他的講話態度或行爲很幼稚嗎？
- 他只喜歡看卡通嗎？
- 你覺得他如果以後進入社會，一定很容易受騙或被欺負嗎？

如果其行爲符合三項以上，那麼我就會強烈懷疑這孩子可能在智能的發展上比同年齡的小孩緩慢。

釐清是否爲智能的問題有什麼幫助呢？如果確定孩子的智能的確比同年齡的孩子低，這意謂著孩子的理解能力並不好。因此，如果你跟孩子講道理，其幫助是不大的。在這種情況下，我通常會告訴父母，要改變孩子的問題行爲，關鍵不在孩子，而是在於你們。我通常會鼓勵父母一起來諮商，擬定一套獎懲孩子行爲的規則。通常只要規則清楚、執行確實，孩子的行為要步入軌道是很快的。

但是如果孩子的智商正常呢？為什麼他還是會重複出現問題行為？可能有兩種常見的原因：一個就是這個孩子的個性本來就是難以教養的，另一個原因就是家人的教養方式有偏頗。如果孩子天生就很難教導，則尋求醫療協助會比較快；如果是教養方式有偏頗，那麼還可以靠自己做改變。

檢視教養的方式

什麼叫做「教養有偏頗」呢？舉例來說，雖然父母管教的方式正確，但是有一個溺愛孫子的爺爺會替孩子擋下所有的懲罰，所以孩子會變得不聽話；又譬如，父母立下許多正確的規則，但是因為疼愛孩子，在執行上不確實，導致孩子認為父母只是說一說而已，父母就因此管不動孩子了。

當然，隨著孩子漸漸成長為國中生、高中生，會形成許多偏差的想法或行為，要加以改變會變得更困難。在這些智能正常的孩子身上，心理諮商是有幫助的。治療者可以協助找出偏差的想法與行為，然後加以矯正。但是，還是要跟父母強調一點，心理諮商屬於輔助性質，整個治療的關鍵還是在於家人的教養方式。

總結來說，不論孩子的智能發展如何，只要孩子還沒有獨立的能力，治療的關鍵就都會落在父母的教養方式上。心理治療師的主要任務就是協助父母擬定可行的目標、清楚的規則，並確實的執行。在這些新規則的執行過程中，必然會產生一些問題，需要做不少修正，父母至少要經過六至八週的時間才會逐漸掌握到整個原則。父母如果期待把孩子帶給心理師「維修一下」，然後就能獲得一個溫和有禮的乖孩子，這樣的期待是不太可能實現的。

心理師的教養配方

當孩子一直出現問題行為，怎麼責罵都沒有用時，應該要思考兩種可能性：

- 會不會他的智能不佳，根本不了解你的期望？
- 會不會是你的教養方式有漏洞，導致孩子根本不重視你的規則呢？

如果你排除了這兩種可能性，而孩子依然出現問題行為，建議你應該尋求兒童心理專家的協助。

憤怒的國中女生

建立合理改變的目標

要管理孩子的行爲問題，
首要的第一件工作就是設立合理的目標，
唯有設立的目標適切，管理才有可能成功。

一個案例

這位國二的女生必須前來醫院看診的原因是，學校的訓導主任強烈建議學生的媽媽帶她來就診，否則她就會被退學。

她是一位身材高大的女生，談話的口氣顯得憤恨不平。她對導師（一位五十幾歲的女士）、某位知己好友及家人都感到不滿。導致她引起訓導主任關心的原因是，她在某次上課的時候，對著坐在隔壁的女同學破口大罵「賤女人」、「爛貨」，聲音之大，連隔壁的幾間教室都聽得很清楚。當時人在樓下的訓導主任都被嚇一跳，更別說站在講台上的老師了。

當我與這位女生會談時，發覺這個孩子其實很聰明，只是她的脾氣很衝，對於周遭的人也比較具有敵意，她認爲導師都刻意找她麻煩，她覺得朋友不尊重她，而她表現不滿的方式就是破口大罵，不管身處什麼場合都一樣。

顯然地，這個孩子並不覺得自己有任何問題，因此，解決問題的責任就落在學校老師及家長身上。因爲她不想再來醫院，所以，我跟這個孩子只會談過這麼一次。

兩、三個月之後，某天下午接到她輔導老師的電話，她希望能夠跟我談一下這個孩子的情況。隔天，這孩子的媽媽與這位輔導老師一起來拜訪我。這位輔導老師很年輕，目前是在實習階段。而這孩子最近又出現大罵別人的情況，對輔導老師的敵意也愈來愈深。她情緒激動起來，也會對這位輔導老師破口大罵。這位年輕的輔導老師已經不知道要怎麼輔導這個孩子了。

會談了一個多小時，我發現一個重要的問題：她們輔導的目標設定並不恰當。這位國二女生的導師一直希望能夠化解她心中的敵意，而她的輔導老師及父母也以此爲輔導目標。但是這一切的努力好像都看不到成效，這孩子總是看不見別人對她的好，覺得周遭的人都在惹她生氣。

依照我的分析，老師跟家長把輔導目標放在消除孩子心中的敵意是不恰當的。因為，一位國二的孩子沒有那麼成熟的思考能力去理解人際問題，父母的勸導可能會讓她覺得父母幫外人欺負她，輔導老師的勸導可能會讓她覺得這位老師跟導師是同一國的。因此，本來是要消除她心中的敵意卻恰好增加了憤怒。

以行為改變的三大準則來看，我們的第一項準則就是要**建立合理的目標**，而這位孩子的輔導計畫之所以會失敗，主因就是建立的目標並不可行。以這位國二女生來說，合理的目標應該是什麼呢？其實就是「不要在學校等公眾場合大聲罵人」。這樣的目標就是可行的。我建議這位輔導老師及國二女生的媽媽，建立一套規則來約束這個孩子的罵人行為。鼓勵她們找一位有權威的第三者（譬如教務主任）與這位女學生訂立一套行為契約。我的建議是，一次破口大罵就記一次「預警」，再犯一次就記一支「警告」，第三次再犯就記一支「小過」。再從中觀察這孩子的行為變化。

我感覺到母親的表情有點不捨，繼續解釋：「這麼做是為了她好，因為她不可能一直這樣肆無忌憚的發洩憤怒。她進入社會以後可以這樣子罵上司嗎？上司會像她的導師這樣來尋求她的諒解嗎？」約束這種暴怒的行為，才是真正為了這孩子的未來著想。

而回顧之前老師教導這孩子的方式，這孩子雖有這麼多次暴怒的行為，卻都沒有受到懲罰，家人也因為她的脾氣暴躁而不敢惹她。難怪這種暴怒的行為一直延續下來。

也許你會問，那她對於導師、同學的敵意該怎麼化解呢？該怎麼消除她心中的憤怒呢？我的建議是「不要管她」。這個孩子很聰明，但是畢竟她的年紀還小，也許要等到十年以後，才會了解到導師已經對她很友善了，同學已經對她夠尊敬了。至於現在，目標就放在要讓她不能再有暴怒罵人的行為，至於她的心裡會怎麼想，就隨便她了。

在處理問題行爲的過程中，建立合理的目標是其中的第一要素。唯有設立了合理的目標，所有的輔導、治療技術才會產生效用。錯誤的目標只會讓周遭的人白白付出心力，而孩子的問題仍不會改善。

心理師的教養配方

合理的目標會讓治療者把注意力集中在某些焦點上，因此會更有效率的協助當事人。缺乏目標或者是目標設立不當的治療都只會消耗彼此的心力，無助於問題的解決。

拒學的國一生

建立孩子的行為規則

給予一個國中生完全的自由會是什麼樣的情況？
孩子自由選擇要上的課，自行決定要幾點睡覺，
也可以決定哪天不要上學。
孩子們會喜歡這樣的自由嗎？
這樣的自由會帶給孩子什麼樣的感受？

缺乏規則的家庭

有一位單親媽媽帶著孩子前來做心理諮詢，主要是因爲剛升上國一的大兒子常常藉故不上學，每天早上醒來就會說自己肚子痛、頭痛，不想去上課。但是一旦不用去上課，那些抱怨就都不見了。

這個孩子從國小三、四年級開始就出現拒學的情形，只要某天所排定的課程（譬如

數學課）不喜歡，他就藉故不去學校。不論媽媽跟他說什麼，他都不聽。升上國一之後，這個孩子迷上網路遊戲，拒學的情形變得更嚴重。在暑期輔導的期間，這孩子拒學的天數從每週一、兩天增加到三、四天，到最後索性就不去學校了。他的功課不用說，當然是班上最後一名。

除了拒學的問題之外，這孩子的脾氣也不好。當他與弟弟有口角衝突時，常常會破壞弟弟的東西。兩個人吵架的次數也漸漸增多。有一次，他竟然拿電鋸把他們兩個人同住的房門鋸下來，原因是弟弟鎖著門不讓他進去。

雖然這個孩子的問題行爲已經很嚴重了，這位媽媽卻近乎完全不插手。她常常說「要讓孩子自己承擔行爲的後果。」因此，她通常不太管教他們。孩子時常打電動到三更半夜，媽媽只會柔性的勸導幾句，如果孩子不聽話，媽媽就決定「讓他自己承擔行爲的後果」。那個後果就是隔天早上孩子貪睡起不來，然後說不想去學校了。至於那扇被鋸掉的門呢？這位媽媽也堅持「讓他自己承擔行爲的後果」，不更換新的門板。這兩兄弟就睡了一個月沒有門的房間。

這位媽媽所描述的家庭生活讓我聯想到一群毫無軍紀的士兵，長官對於士兵完全沒有約束力，士兵可以任意而爲。這是一種幸福嗎？我認爲不是！對一位十二歲的小孩子來說，這種自由可能是一種可怕的經驗。他會感覺到沒有人引導他，沒有什麼規則可循。當他跟弟弟產生衝突、當他與學校生活脫節時，就只有他自己在黑暗中摸索。這是一種可怕的感覺。

我向這位母親指出這一點：給予孩子的自由應該是隨著他的年紀漸漸增長而逐漸增多的。對於一個國中生來說，允許他無限制的打電動、自己決定要不要去上學，這樣的自由是太過度了。

這位母親似乎不太能接受這樣的觀點，她堅持她的教育方式是對的，她只希望我能夠跟孩子談一談，輔導他要去上學、不要一直打電動。

我冷靜的向這位母親直言：「如果妳的要求他都不聽，那他爲什麼會聽我的呢？」理想的情況是，母親可以透過零用錢或家規來約束孩子的行爲，如果孩子的態度太強硬，家長一定要堅定冷靜的讓孩子知道誰才是家裡的老大。畢竟，電腦是誰買的呢？網路費是誰繳的？餐費是誰出的？母親扛起這些責任，爲什麼沒有權力管教孩子？但這位母親只是重複強調「她管不了」，她似乎太過害怕任何會激怒這兩個孩子的事情了。但是，又該怎麼做才好呢？

若放任孩子不管，可以預見未來的情況一定很糟糕。但這位母親又完全拒絕思考任何可以管教孩子的方法，因此她陷入一個困境當中，而這個困境是她自己創造出來的。我心裡替這兩個小孩感到擔憂，因爲他們在很小的年紀，就要替自己決定這麼多事。

最後一次跟這個媽媽會談時，她絕望的說老二也開始拒絕上學了。我實在已經提不出任何建議了，如果她依然堅持「不要觸怒這兩個小孩」，那麼我們還有什麼可以討論的事情呢？

心理師的教養配方

沒有規則的家庭只會培養出混亂的孩子。孩子並不會因為得到過多的自由而感到快樂，相反的，過多的自由會讓他沉重到無法承受。

網路成癮的孩子
建立孩子的上網規範

網路成癮是現代青少年常見的問題。孩子會花很多的時間在網路上，日以繼夜的玩遊戲，荒廢了學業，忽略了正常的人際互動。網路到底有什麼魔力？爲什麼它可以如此吸引青少年？父母又該如何處理這個問題呢？

網路成癮及其治療

在精神醫療所照顧的疾病當中，大部分的患者都是因爲疾病的症狀而受苦，因此，他們都希望能改變自己的現況。但是有一小群的患者本身並不覺得自己有問題，他們之所以會接觸到精神醫療，主要的原因是身旁的人看不過去了。這一群人包括：部分嚴重的精神病、成癮問題、人格疾患等。而網路成癮就屬於其中的一種。

網路成癮

網路成癮的人很少覺得自己是有問題的，他們熱中於網路遊戲，認爲網路遊戲才能讓生活充滿樂趣。這就像酒癮、毒癮一樣，因爲當事人沉迷其中，因此很難有所改變。如果你對一個沉迷網路的人說要治療他的網路成癮，他一定會覺得你瘋了，因爲他根本不覺得自己有問題。

這就是處理網路成癮問題的主要困難，即當事人根本不想改變。在我會談的經驗中，跟網路成癮的個案談話往往是沒有焦點的，因爲個案根本不想聽你所講的東西。

父母應該了解，大部分沉迷網路的人都會覺得網路是很刺激有趣的，尤其是青少年。在網路遊戲中，他們可以跟虛擬的人自在的互動、與人結盟，這讓他們感覺自己並不孤單。他們在遊戲中可以打死很多怪獸，這彌補了他們在日常生活中的挫折感。他們沉浸在網路虛擬的世界中，因爲現實的生活是這麼沉悶、乏味，而網路的世界是那麼豐富、有趣。所以，當你要求孩子放棄網路的時候，應該先想一想，他放棄網路之後，你要給他什麼樣的生活？是孤獨、無聊？還是挫折、沉悶的生活？你眞的認爲他不接觸網路之後，就會把精神都投入在有益的學習上嗎？我認爲這麼想太樂觀了。

網路成癮的治療

父母要處理網路成癮的問題，直接禁止當然是比較快的解決方式。拔掉網路線或將電腦設定密碼，以阻止孩子使用網路，這麼做可以很快的抑制問題。不過，除非你能夠掌控孩子所有的空閒時間，否則孩子還是有可能會利用時間到網咖上網，那麼你又開始擔心孩子會不會在網咖交到壞朋友了。

因此，我建議的方式是，不要禁止，而是要善用網路。

父母可能很難想像網路對一個孩子的吸引力有多大。對大多數喜歡上網的孩子來說，網路遊戲可能是目前爲止最讓他們感到刺激、好玩的活動了，它遠勝過打球、交友、看電視等。試想，父母如果善用「吸引力」，它會如何影響孩子的行爲？舉例來說，你可以讓孩子做家事來換取十五分鐘的電動時間，你也可以用成績當標準，達到了標準就給孩子每天半小時的電動時間。

我用一個虛擬的小孩來說明父母如何處理網路成癮的問題：

小乙喜歡上網，他每天都有一個小時的上網時間。擁有這個權利是因爲他每次月考都保持在十名以內所得來的。但是他每天要上網之前，必須先把功課做完。小乙的父母常常會抽問他讀書的內容，如果抽問不過，那麼小乙就必須再讀熟。因爲小乙很想打電動，所以他每天都會在學校利用空閒時間把作業做好，回家之後，也利用各種零碎的時間讀完當天該看的書。因此，他總是能夠在八點半就上線玩遊戲。

父母並且給小乙很多延長上網時間的機會，譬如，幫忙洗碗加十分鐘、保持房間清潔加十分鐘、學校老師反映最近沒有行爲問題加十分鐘等。父母會製作點數卡給他，因此，他總是可以延長上網時間。父母給小乙打電動時間的彈性，他可以決定是不是要使用點數卡。但是父母也會要求小乙一次上網的時間不能太久，以免傷害視力。

就這樣，小乙可以在一定的規範之下，有彈性的調整自己打電動的時間。他有效率的寫功課，他也做家事、整理自己的房間，他也會固定跟朋友去打球、運動、跟家人出去玩等。他必須從事這些活動，否則父母就不會讓他上網。

這樣的結局不是很好嗎？順著孩子自然的傾向，善加利用，讓孩子的生活過得快樂又豐富，親子間的衝突也能夠避免，這不是很美好嗎？

心理師的教養配方

你的小孩可能有網路成癮的問題嗎？

請根據他（她）日常生活的情況，回答下列八個問題：	不會	偶爾	常常
1. 如果沒有人限制他（她）的話，他（她）會愈玩愈久？	0分	1分	2分
2. 如果無法上網的話，他（她）會顯得心情低落或者易怒？	0分	1分	2分
3. 他（她）需要花更多的時間上網才會有滿足感？	0分	1分	2分
4. 他（她）一有時間就想要上網？	0分	1分	2分
5. 他（她）有試著要控制自己的上網時間，但是控制不了？	0分	1分	2分
6. 一週上網超過四十個小時？	0分	1分	2分
7. 因爲上網，他（她）的學業、職業或社會功能變差了，或休閒生活大多圍繞在「上網」這個活動上？	0分	1分	2分
8. 他（她）即使知道上網帶來很多的問題，還是忍不住一直上網？	0分	1分	2分

測驗結果分析

〔總分0～5分〕：你的孩子目前**並沒有明顯**的網路成癮的問題。如果孩子使用網路的情況還在可以控制的範圍內，那麼是沒有必要過度的限制他（她）的。畢竟網路是一個相當新奇、有趣的事物，也是未來世界的潮流，孩子會被它吸引是很正常的。

〔總分6～16分〕：你的孩子目前**可能已經出現**網路成癮的問題，分數愈高，意味著他的網路成癮愈嚴重。這樣的問題長久以往，可能會漸漸的損害到孩子的學業、人際功能、性格，導致許多不適應的行爲。網路成癮的問題不太會自己消失，建議你可至醫療院所尋求精神科醫師或心理治療師的協助。

偷竊成習的小六生

確實執行教養方式

即使目標合理、規則清楚都做到了，但是在執行過程中不確實，親職教育依然會失敗。執行不確實會使得孩子不再重視你的規則，你教養孩子的威信也無法確立了。

執行不確實的教養方式

這位小六的男生是由媽媽帶來做智力測驗的。當我跟媽媽說，這個孩子的智力成績正常，各方面的能力都發展平均時，她一點高興的表情也沒有。她回答我：「我知道他的智力沒有問題，但是他的行爲眞的讓我受不了。」

於是，她開始描述這孩子近幾年來的偷竊行爲。這孩子會擅自拿走弟弟、妹妹及學校同學的物品，也會偷父母的錢，經過多次嚴厲的打罵，偷竊行爲毫無改善。這位媽媽還說道：「有時候實在很生氣，就對他說：『你爲什麼不死在外面啊？』『我應該在你出生的時候就把你掐死。』」當媽媽在述說的時候，我不經意的瞧了這小孩，他的臉色看起來有點凝重，沒有明顯的表情。這位媽媽接著又說：「他偷了東西之後，如果你質問他，他可以編出很多理由，他所說的謊連大人也分不清楚是眞是假。」「有的時候我哭著求他，他好像聽懂我講的話了，但是經過一段時間後就又故態復萌。我眞的會氣到想要揍死他。」「他爸爸最近也都氣得不跟他講話，已經有兩個星期了。他叫他爸爸，他也都不理。」聽了他們互動的情況，我不禁有點擔心這個孩子的人格發展。

之後，我繼續與這位太太約談了幾次，並且請她找先生一起過來會談。漸漸的，我發現到一個關鍵問題，這個孩子之所以會重複出現偷竊的行爲，問題是出在規則執行的過程。

這個孩子的父母希望消除孩子的偷竊行爲，這個目標設立很合理。他們禁止偷竊行爲，也懲罰這個孩子的偷竊行爲，這樣的規則很清楚。但整個教養過程在最後一個步驟出了差錯，其關鍵在於：前後不一致。舉例來說，當這個孩子未經告知就拿家人的東西時，父母通常是會生氣的，但並不是每一次都這樣。當父母心情不好時，這孩子拿了東西，父母就會又打又罵，把孩子罵到一文不值；但是當父母心情好時，孩子如果同樣拿了東西，父母可能會說：「你怎麼又沒有告訴我就擅自拿我的東西？這一次就當做給你的，但是記得下一次不可以再這樣子了。」試想，相同的事情，類似的行爲，父母的處理方式卻時鬆時緊。孩子心裡會怎麼想呢？要是我，一定會想「偷不偷根本不是重點，重點是不要在你們心情不好的時候惹到你們就好了。」試問，這樣的賞罰規則孩子怎麼會當眞呢？

所以，如果你要禁止某一些行爲，就要規定得很清楚。最好是跟孩子充分的討論之後，把這些規則寫下來。當你在執行的時候，記得要一致且冷靜。即使你今天心情很糟，也不能加重懲罰；就算你今天心情很好，也不能減輕懲罰。必須冷靜且切實的執行你所訂立的規則。這樣一來，孩子的行爲才能夠步入軌道！

心理師的教養配方

「執行確實」是教育孩子的過程中最後一個關鍵步驟。它就像軍令的執行一樣。如果軍令的規定很合理、規則也清楚，但是執法的人卻敷衍行事，這樣的法令誰會尊重呢？

怎樣教育孩子

適當的規範與自由

什麼樣的教育對孩子最好？

過多的規範會讓一個孩子變得太順從，缺乏獨立自主的精神。

而太多的自由又會讓一個孩子太過驕縱，無法管教。

如何教出一個具有獨立個性，又能符合社會規範的孩子呢？

民主教育的精神

教養小孩最好的方法就是採行民主教育，民主教育不像命令式的教育，只有規範而沒有自由，也不像放任的教育，沒有規範而自由太多。民主教育給予孩子適度的規範，也提供了適度的自由，恰如我們現代的民主政治一樣。

但是運用民主教育，父母必須隨著孩子的年齡適度的調整自由與規範。當孩子年紀還小時，父母給的自由少、規範多，目的是要保護孩子；當孩子逐漸成長，父母給的自由較多，規範減少，目的是要讓孩子能夠發展出獨立的個性。這如同在培養一棵樹一樣，一開始給予這棵樹許多支架，讓它不會長歪，但是當它漸漸茁壯，若不拆掉支架，可能就是在束縛它的發展。

許多父母在調整自由與規範的比例上，掌握得並不理想，因此衍生出兩種不良的教養方式：

縱容型

給予孩子太多的自由，超過其年紀所應得的。譬如，放縱孩子看電視的時間，不管孩子跟什麼朋友來往等。這樣的教養方式容易教出行爲偏差的小孩，長大後改變不易。

控制型

在孩子應得的自由上，不願給予足夠的自由。譬如，不讓就讀高中的孩子晚上外出，不讓成年的子女在外獨自居住等。這樣的教養方式容易教出表面上過度順從，但實際上卻對父母怨懟的孩子。這類孩子往往缺乏自信，因爲父母總是替他做出各種決定，他發覺自己只能夠乖乖的聽話照做，自己是無能的。

因此，最好的教養方式就是採行民主方式。父母隨著孩子的年齡，給予適當的自由與規範，當孩子長大成人之後，父母把自主權完全交給他。在這種教養方式下長大的孩子，行為上既合乎社會的標準，又有自我的主張，不會太過拘泥。他勇於做各種新的嘗試，具有開放的胸襟。即使失敗了，他也不會太難過，因為他了解這是成長必然的過程，這就是自由的代價。

心理師的教養配方

民主教育的精神就是隨著孩子年齡的增長，適度的調整給他的自由與規範，不過多也不過少。在這種教育方式下長大的孩子，既能保有獨立的個性，也能夠符合社會規範。

要求完美的教育

讓孩子有犯錯的機會

要求孩子絲毫不能出錯，眞的會培養出一個頂尖的人才嗎？
讓孩子精準的走在父母計畫的藍圖上，這是他最好的人生嗎？
有沒有可能許多重大的成長都是從錯誤中學到的呢？

會犯錯的教育才是最好的教育

完美的教育 vs.會犯錯的教育

許多父母時常提出一個問題，即「爲什麼提供孩子最好的學習環境，付出這麼多心力陪伴他，結果他卻什麼都學不好？」這樣的抱怨很常見，卻隱含了一個錯誤的觀念。父母親往往認爲，只要提供孩子最好的學習環境及嚴加督促，他就能夠獲得很好的學習效果。其實這個觀念並不正確，請看以下的案例：

有位鋼琴老師在教學時都會發給學生一份完整的琴譜，琴譜裡面有密密麻麻的註記，譬如某個樂段要加強、某個樂段要漸弱，節拍則是絲毫不能出錯。當學生在彈奏時，老師會在旁邊繃緊神經的聽著每個彈錯的音符，並不停的打斷學生彈奏，急著做正確的示範。

但是這個學生學得並不好，也討厭學鋼琴。

而另一位鋼琴老師則不然。這位老師在教學時發給學生的琴譜並不完整，像是有一些樂段漏掉了，甚至有一些音符被刻意的塗抹，也沒有曲目的結尾。老師會要求學生依照自己的感覺把曲子拼湊起來，而他的工作則是在學生需要幫助的時候指點他。

然而這位學生卻學到很多。因爲他知道在樂句中加入哪些音符是不和諧的，也知道哪些音符是可以運用的，每一段音符的感覺都不同。更重要的是，他知道彈奏這首曲子並沒有標準答案，所以可以發揮自己的想像力，找出所有的可能。

這位學生學得很好，也喜歡彈鋼琴。

這兩種教育孩子的方式有一個主要的差別，即前者的教育方式沒有留下適當的空間，只要求孩子遵循大人眼中的「標準答案」，而後者的教育方式則是給予學生適度的引導，保留學生自由思考的空間。

完美教育之罪

以心理學的觀點來說，前者的教育方式比較不理想，主要的原因有兩個：

忽略了「動機」

提供孩子一個完美的答案，同時就是扼殺了他的動機。爲什麼呢？因爲「最完美的答案都有了，而且只有一個，那何必還要思考、努力？只要照著做就好了！」因此，孩子容易對學習失去興趣。我們常常可以看到，生長在良好環境、父母用心培養下的孩子學習效果並不好，反而是那些窮困家庭的孩子卻能夠脫穎而出。在這當中，「動機」有舉足輕重的影響。

成功教得少，失敗教得多

這個理由很簡單，沒有完整琴譜的學生會知道「有某些音階是彼此不和諧的」，但是擁有完整琴譜的學生並無從得知。沒有完整琴譜的學生會知道「適合某一個樂段的音符有很多種，而且每一種音符都有不同的感覺」，但是擁有完整琴譜的學生也不會知道這點。擁有完整琴譜的學生一次只學會一首曲子，而沒有完整琴譜的學生則能夠創作出很多的曲子。

所以，留給孩子一些自主的空間，偶爾犯錯是有必要的。

每當我在治療上遇到一些父母過度關心孩子時，心裡就不禁想著，如果事情的嚴重性不高，就提供一些犯錯的機會吧！這樣孩子才能從挫折中學習到更豐富的東西。長期成功的結果只是學習到驕傲和僵化的思考模式。但是我通常不會跟這群父母這麼說，因爲他們大多都堅信「他們給孩子的就是最好，而且是唯一的一條路。」

心理師的教養配方

要讓孩子的學習可以完整，犯錯是必需的。

完善的保護孩子只會讓孩子失去忍受挫折的能力，也失去了對生命的創造力。

教養孩子很挫折
檢視教育方式3大準則

你發現自己在教育小孩子上遇到了困難嗎？
不妨用行爲改變三大準則來檢視一下自己的教育方式，
也許你會發現自己過去不曾注意到的某些問題。

行爲改變的三大準則

許多父母覺得教養孩子是一件很困難的事情，但是當你仔細地分析這些父母教育孩子的方式時，卻往往發現他們教育的方式是有問題的。

我們常看到的現象是，父母多次打罵孩子，但孩子卻搞不太清楚爲什麼被打；許多孩子也搞不清楚父母到底要他們做什麼。

以下我列出改變孩子行爲的三大準則，並一一加以介紹。如果你在教育孩子方面出現難題，建議你從這三條準則去檢視自己的教育方式，也許你會有不同的發現。

行為改變準則之一：目標合理

有不少父母會設定出一些不合理的目標，然後一直責怪孩子沒有遵守規定。譬如，要求孩子回家後一有時間就唸書、要求十七歲的孩子假日不能外出跟朋友聚會、要求孩子完全不能因粗心而犯錯等。這些不合理的要求顯示出父母心中不切實際的期望，設定的目標實在難以達成。

設定合理的目標是行爲改變成功的第一步。

什麼樣的目標才叫合理呢？合理的目標必須合乎一般的常態。如果大部分的父母都沒有如此要求，而你卻這麼做，那麼你的要求可能就是不合理的。譬如，你要求孩子每次考試都要在前三名，這樣的要求就不合理，因爲大部分的父母都不會如此要求。當然，你可以表達這樣的期許，但是孩子不應該因爲達不到這樣的要求而受懲罰。

其次，合理的目標應該以孩子的現況爲基準，只要達到終極目標的百分之二十以內，都可以算是合理的目標。舉例來說，小魚每天都會有十次吵鬧的行爲，其終極的目標當然是完全消除吵鬧的行爲，但以目前來說，只要能夠改善百分之二十以內（即減少兩次或一次）就算是進步了。

因此，我們的合理目標就是將小魚的吵鬧行爲降到八次或九次。當他達到這個目標，他就應該得到鼓勵，而你也應該感到欣慰了。如果你一開始設定的目標就是小魚完全不會再吵鬧，這麼高的目標只是徒增雙方的挫折感與憤怒而已。

行為改變準則之二：規則清楚

規則清楚對於教育孩子是很重要的，因爲孩子的智能與經驗都在發展中，孩子對於父母的教誨未必能夠眞正理解。因此，你最好能夠把規則用淺顯易懂的話跟孩子溝通，也盡量讓規則訂得很清楚及具體，就像法律條文一樣。舉例來說，「不能夠欺負弟弟、妹妹」就是一條不清楚的規則。什麼叫做「欺負」呢？如果弟弟、妹妹不乖，教訓他們算是欺負嗎？如果你是說「不能夠打弟弟、妹妹，用手或者用東西打都不行，只能用講的。」這樣子講就清楚一點了。如果再加上賞罰的條款「不能夠打弟弟、妹妹，用手或者用東西打都不行，只能用講的。如果有打弟弟、妹妹的情形，每打一次，就取消七天的電動時間。如果還在處罰的階段時，又打弟弟、妹妹的話，就再取消七天看電視的時間。」這樣的規則就更清楚了。

你應該要讓孩子很清楚你的規則是什麼。可以自己先擬定草稿，然後跟孩子充分的討論之後再實施。要改變孩子的行爲，除了懲罰之外，獎賞也很重要。以剛剛的例子來說，父母可以加上的規則是「如果持續一個星期沒有打弟弟、妹妹，就可以獲得五十元獎金。如果持續兩個星期沒有打弟弟、妹妹，就可以得到一百元獎金，再加上每個星期可以多出兩個小時的電動時間」。

行為改變準則之三：確實執行

當你已經進行第一及第二個步驟了，在開始執行時卻發現一些問題。每當你要懲罰孩子的時候，孩子的爺爺、奶奶會阻礙你。他們可能護著孩子，不讓孩子接受懲罰。他們也可能運用其權威要你撤回懲罰。

一旦你的規則無法執行，幾次之後，孩子就不會把你放在眼裡了。這就是執行不確實的後果。

當然，除了有旁人的干涉而導致執行無法確實之外，執行賞罰的人本身也可能是執行不確實的原因。最常見的情況是，因爲執行賞罰的人情緒不夠穩定，因此孩子做了同樣的事情卻會有不同的賞罰結果。當父母心情好的時候，獎賞亂給，懲罰很輕；當父母心情不好的時候，沒有獎賞，懲罰卻非常的嚴厲。同樣的事情，賞罰卻忽重忽輕，孩子當然不會把規則當作一回事。

其實，教育孩子很像在管理一個國家。你希望人民能夠遵守國家的法規，你的法規可以不合情理嗎？你的法規可以不夠清楚嗎？你的法規執行可以不夠確實嗎？

用以上三條準則來檢視你的教育方式，如果你都確實做到了，孩子的行爲也會逐漸步入常軌。

心理師的教養配方

要管理孩子的行為，切記三大準則：

- 目標合理。
- 規則清楚。
- 確實執行。

忽略任何一點，都可能會讓你的教育無法成功。

念頭一轉 心就不煩（暢銷修訂版）

走出那些隱藏在職場、情場、家庭、人際中的情緒盲點

作　　者／楊順興
選　　書／林小鈴
企劃編輯／蔡意琪

業務經理／羅越華
行銷經理／王維君
總 編 輯／林小鈴
發 行 人／何飛鵬
出　　版／原水文化
台北市民生東路二段141號8樓
電話：02-2500-7008
傳眞：02-2502-7676
原水部落格：http://citeh2o.pixnet.net
發　　行／英屬蓋曼群島商家庭傳媒股份有限公司城邦分公司
台北市中山區民生東路二段141號11樓
書虫客服服務專線：02-25007718；02-25007719
24小時傳眞專線：02-25001990；02-25001991
服務時間：週一至週五上午09:30-12:00；下午13:30-17:00
讀者服務信箱E-mail：service@readingclub.com.tw
劃撥帳號／19863813；戶名：書虫股份有限公司
香港發行／城邦（香港）出版集團有限公司
香港灣仔駱克道193號東超商業中心1樓
電話：852-2508-6231　傳眞：852-2578-9337
電郵：hkcite@biznetvigator.com
馬新發行／城邦（馬新）出版集團 Cite(M)Sdn. Bhd.
41, Jalan Radin Anum, Bandar Baru Sri Petaling,
57000 Kuala Lumpur, Malaysia.
電話：603-9057-8822　傳眞：603-9057-6622

封面設計／劉麗雪
內頁版式／劉亭麟
封面手寫字／蔡意琪
製版印刷／卡樂彩色製版印刷股份有限公司
初版一刷／2005年6月17日
初版八刷／2007年6月11日
修訂一版／2009年4月14日
修訂二版／2019年7月18日
定　　價／360元

城邦讀書花園
www.cite.com.tw

ISBN 978-986-7069-93-1
EAN 471-770-2096-79-3

國家圖書館出版品預行編目資料

念頭一轉，心就不煩！：走出那些隱藏在職場、情場、家庭、人際中的情緒盲點／楊順興著——修訂二版——臺北市：原水文化出版：家庭傳媒城邦分公司發行，2019.07

面： 公分——（悅讀健康系列；17Y）

ISBN 978-986-7069-93-1 （平裝）

1.心理治療 2.人際關係 3.親職教育

178.8 98004669